KB060484

환자안전을 위한
의료판례 분석

07 마취

김소윤 · 나성원 · 박정엽 · 송승용 · 이　원
정지연 · 오혜미 · 장승경 · 이미진 · 이동현
이세경 · 박지용 · 김인숙 · 석희태 · 손명세

박영사

본 서는 2015학년도 연세대학교 미래선도연구사업(문제해결형 융합연구)
지원에 의하여 작성된 것임(2015-22-0118)

머 리 말

　'사람은 누구나 잘못 할 수 있다'. 사람은 누구나 잘못 할 수 있고, 의료인도 사람이므로 잘못 할 수 있다. 그러나 의료인의 잘못은 환자에게 위해로 발생할 수 있다. 하지만 환자안전과 관련된 사건이 발생할 때마다 관련된 의료인의 잘못을 찾아내고 시정하는 것만으로 환자안전의 향상을 기대할 수 있을까? 2010년 빈크리스틴 투약오류로 백혈병 치료를 받던 아이가 사망한, 일명 종현이 사건이 뉴스에도 보도되고 사회적으로 큰 파장을 일으켰지만 2012년 같은 유형의 투약오류 사건이 또다시 발생하였다. 이 사건뿐만 아니라 의료분쟁 또는 소송 사례들을 살펴보다 보면 유사한 사건들이 반복되는 것을 알 수 있다. 그렇기 때문에 환자안전의 향상을 위해서는 의료인의 잘못에 집중하는 것이 아니라 다른 차원의 접근이 필요하다.

　이처럼 유사한 사건들이 재발하지 않도록 하려면 어떤 노력을 해야 할까라는 고민 속에서 '의료소송 판결문 분석을 통한 원인분석 및 재발방지 대책 제시' 연구가 2014년부터 시작되었다. 당시 내과, 외과, 산부인과, 정형외과, 신경외과 의료소송 판결문을 활용하여 환자안전의 향상을 위한 연구('의료소송 판결문 분석을 통한 재발방지 대책 수립 연구')를 수행하였고, 이후에는 의료행위별로 분류하여 원인분석 및 재발방지 대책 제시 연구가 진행되었다. 이러한 연구들은 가능한 범위 내에서 종결된 판결문을 대상으로 분석하고자 하였다. 하지만 분석대상 선정 당시 원인 분석 및 재발방지 대책 제시가 필요하다고 판단되는 사건들의 경우에는 환자안전 향상을 위한 정책 제안을 위해 소송 종결여부를 떠나 분석 대상에 포함시켜 진행하였다.

　연세대학교 의료법윤리학연구원에서는 그동안 의료의 질 향상 및 환자안전을 위해 노력해 왔다. 1999년 '산부인과 관련 판례 분석 연구'를 시작으로 '의료분쟁조정제도 실행방안 연구', '의료사고 피해구제 및 의료분쟁 조정 등에 관한 법률 실행방안 연구', '의료사고 예방체계 구축방안 연구' 등을 수행하였고, 이를 통해 의료사고 및 의료소송과 관련된 문제들을 다각도로 바라보았다. 이와 같이 의료분쟁의 해결에서 머무는 것이 아니라 이러한 사례들을 통해 의료체계의 개선이 이루어질 수 있도록 정책적 제안에도 힘써왔다. 연구뿐만 아니라 연세대학교 대학원 및 보건대학원에서 의료소송 판례 분석과 관련된 강의들을 개설하여 교육을 통해 학생들의 관심을 촉구하였다. 환자안전법 제정 및 환자안전 체계 구축을 위해서도 노력하였다.

2015년 1월 환자안전법이 제정되었고 2016년 7월 29일부터 시행되고 있다. 환자안전법에 따라 환자안전 보고학습시스템도 현재 운영되고 있지만, 의료기관 내에서 발생한 환자안전사건을 외부에 보고하기 어려운 사회적 분위기 등을 고려하였을 때 의미있는 분석 및 연구가 이루어지기까지는 시간이 다소 걸릴 것으로 예상된다. 이에 의료소송 자료를 활용하여 분석을 시행한 연구들이 환자안전법과 보고학습시스템의 원활한 시행 및 환자안전 체계 구축에 도움이 될 것으로 생각된다.

이 책에서 제시된 다양한 마취 관련 사례들을 통해 관련 분야 보건의료인 및 보건의료계열 학생들은 의료현장에서 발생 가능한 환자안전사건들을 간접적으로 체험할 수 있고, 예방을 위해 지켜야 할 사항들을 숙지할 수 있을 것이다.

이와 같은 의료소송 판결문 분석 연구를 수행할 수 있도록 연구비를 지원해 준 연세대학교와 진료 등으로 바쁘신 와중에도 연구에 적극적으로 참여해 주신 자문위원분들께 감사를 표한다. 또한 본 저서가 출판될 수 있도록 지원해 준 박영사에 감사드린다.

이 책들이 우리나라 환자안전 향상에 조금이나마 기여할 수 있기를 간절히 바라며, 제도의 개선을 통해 환자와 보건의료인 모두가 안전한 의료환경이 조성되기를 진심으로 기원한다.

2017년 11월
저자 일동

차 례

제1장

서 론

제1장 서 론

1980년대 중반부터 의료분쟁은 꾸준히 증가하고 있으며, 이로 인한 부작용은 사회적으로 중요한 문제가 되고 있다(민혜영, 1997). 의료사고의 예방을 위해서는 의료분쟁 해결 기전의 변화만으로는 의미 있는 진전을 기대하기 어렵다(Institute of Medicine, 2000). 오히려 의료분쟁의 내용에 관한 분석이 의료사고 예방 대책 수립을 위한 연구로서 활용될 수 있다. 왜냐하면 의료분쟁은 진료과목별로 분쟁의 양상과 해결 방식이 다르며, 유사한 의료분쟁이 반복되는 경향이 있기 때문이다(신은하, 2007). 의료소송 판결문 분석은 의료사고로 많이 연결되는 의료행위의 파악(민혜영, 1997), 그리고 사고 원인의 유형별 분류에 도움을 줄 수 있다. 따라서 이를 통해 의료분쟁의 진료과목별 특성과 원인을 파악하고, 그에 대한 효과적인 예방대책을 수립하여, 유사한 의료사고의 발생을 방지하여야 한다.

본 연구에서는 의료사고에 관한 민사소송 판결문을 활용하여, 의료사고의 발생 원인을 분석하고, 재발방지 대책을 제안하고자 하였다. 우리나라 건강보험은 진료비 지불 제도로서 행위별 수가제를 채택하고 있고, 의료사고 비용조사를 통한 행위별 위험도 비용을 산정하여 이를 수가에 반영하고 있다. 따라서 진료과목별 중심의 의료소송 판결문 연구에서 한 차원 더 나아가 행위 중심으로 분류한 의료소송 판결문 연구를 진행할 필요가 있다. 마취 안전과 질에 대한 사회적 우려는 지속적으로 제기되어 왔다. 마취로 인한 의료사고는 중증인 경우가 많고, 특히 최근 내시경 시술의 증가로 인하여 진정 마취를 경험하는 환자들이 많아짐에 따라 그 사회적 관심도 증가하였다.

이에 따라 마취와 관련된 의료소송판결문 분석연구를 진행하였다.

연구대상인 판결문은 '대법원 판결서 방문열람 제도'를 활용하여 확보하였다. 판결 선고날짜가 2010년부터 2015년인 손해배상(의) 판결문의 사건번호 및 법원명을 검색하여 총 4,784건을 검색하였고, 여기에 검색어 "마취"를 포함하여 총 955건을 재검색하였다. 그 후 '판결서사본 제공 신청 제도'를 활용하여 당해 사건의 판결문을 수집하였다. 수집된 판결문의 내용을 검토하여 판결 선고날짜가 2010년부터 2015년에 해당되는 "마취 관련사건" 중 원고승 또는 원고일부승 사건을 재분류하여 총 60건을 계량분석 대상으로 선정한 후, 마취과전문의, 법학자, 보건학 전문가 등으로 구성된 자문위원단의 자문을 거쳐 계량분석 대상 60건 중 21건을 질적분석 대상사건을 선정하였다.

본 연구는 위 21건의 질적 분석 대상판결에 대하여 그 발생 원인을 파악하여 이를 환자, 의료인과 같은 인적 요인과 의료기관, 법 제도 등의 시스템적 요인 등으로 나누어 분석하였고, 각 원인별로 사건의 재발을 방지하기 위한 대책을 제안하였다. 그리고 이러한 질적분석 결과, 소화기내과 및 성형외과에서의 마취 의료행위가 소송에 다수 포함됨에 따라 각 전문의의 자문 및 검토를 추가로 시행하였다.

이 책에서는 수면마취 관련 판례, 전신마취 관련 판례, 부위마취 관련 판례, 국소마취 관련 판례, 통증클리닉 관련 판례, 기타 판례로 분류하여 사건의 개요, 법원의 판단, 손해배상범위, 사건원인분석과 재발방지대책을 소개하겠다.

▎참고문헌▎

민혜영. (1997). 의료분쟁소송결과에 영향을 미치는 요인에 관한 연구. 연세대학교 학위논문.

Institute of Medicine Committee on Quality of Health Care in America; Kohn, L. T., Corrigan, J. M., Donaldson, M. S. editors (2000). To err is human: building a safer health system. Washington, DC: National Academies Press, 이상일 역(2010), 사람은 누구나 잘못 할 수 있다: 보다 안전한 의료 시스템의 구축, 이퍼블릭.

신은하. (2007). 의료분쟁 발생 현황 및 진료과목별 분쟁 특성 분석. 연세대학교 학위논문.

제2장

수면마취 관련 판례

판례 1. 수면내시경검사 후 경과관찰 소홀로 인한 응급조치가 지연되어 환자가 사망한 사건_서울중앙지방법원 2011. 11. 15. 선고 2010가합133334 판결

70세의 척추장애가 있는 여성 환자는 소화불량, 구토, 옆구리 통증 등으로 내원하였다. 검사 결과 좌측 요관방광이음부 결석(ureterovesical junction stone)으로 인한 물콩팥증(hydronephrosis) 소견이 있었고, 수면위내시경검사를 시행하기 위해 미다졸람(midazolam)과 알기론(Algiron™)을 투여하고 싸이로카인(Xylocaine™)을 분무한 뒤 검사를 시행하였다.[1] 검사 종료 후 가수면 상태인 환자를 병실로 옮겼다. 5분 정도 지난 뒤 청색증이 나타나고 맥박이 측정되지 않아 응급처치를 시행하였으나 저산소성 뇌손상으로 사망하였다[서울중앙지방법원 2011. 11. 15. 선고 2010가합133334 판결]. 이 사건의 자세한 경과는 다음과 같다.

---

1) 판결문에 기재된 내용을 토대로 사건의 흐름을 기술하였음.

1. 사건의 개요

날짜	시간	사건 개요
2010. 10. 5		• 소화불량, 구토, 옆구리 통증 등이 심하여 피고 병원 내원(환자 여자, 사고 당시 70세)
		• 초음파 검사 시행한 결과, 좌측 요관방광이음부 결석으로 인한 물콩팥증 소견 보임
2010. 10. 6		• 심전도검사 결과 좌심방 비정상, 비정상 T파(허혈의심), 좌심실 비대 소견 보임 • 심초음파검사 결과 경도의 대동맥판 역류 및 삼첨판 역류 소견 보임
2010. 10. 7		• 복부 CT 검사 결과 좌측 요관방광이음부 결석으로 인한 물콩팥증 소견 보임
2010. 10. 8	10 : 15	• 수면위내시경검사 위해 수면진정제인 미다졸람 2.5mg과 알기론(십이지장의 무긴장증과 오디괄약근의 이완목적) 투여하고 국소마취제인 싸이로카인을 식도 입구 부분에 분무함
	10 : 25	• 수면위내시경검사 종료 • 가수면 상태인 환자를 병실로 옮김
	10 : 30	• 전신에 청색증이 나타나고 맥박이 측정되지 않음 • 환자의 기도를 유지하고 산소를 공급한 후 심장마사지 및 앰부배깅 (ambu bagging) 실시
	10 : 35	• 에피네프린(epinephrine) 주사
	10 : 40	• 심장마사지와 앰부배깅 시행하며 중환자실로 이동 • 중환자실 입실당시 혼수상태, 호흡 및 순환 정지된 상태였음
	10 : 47	• 기관내 삽관 시행
	10 : 50	• 호흡 및 순환 회복하였으나 의식 회복 아니 됨
2010. 11. 28		• 사망

2. 쟁점별 당사자 주장과 법원의 판단

가. 무리하게 수면위내시경검사를 시행한 과실이 있는 지 여부: 법원 불인정

(1) 원고 주장

환자는 고령으로 척추장애 기왕증이 있으며 요관방광이음부 결석으로 인한 물콩팥증 소견을 보인다. 미다졸람의 경우 호흡억제나 혈압 및 맥박에 영향을 미칠 수 있는 약물인 점 등에 비추어 피고 병원 의료진은 망인의 건강상태를 고려하여 수면위내시경검사의 시행 여부를 신중하게 결정했어야 했다. 원고들은, 그럼에도 물콩팥증에 대한 치료를 미룬 채 망인의 건강상태에 대한 고려 없이 무리하게 수면위내시경검사를 시행한 과실이 있다고 주장한다.

(2) 법원 판단

척추장애 및 요관방광이음부 결석으로 인한 물콩팥증이 있다고 하여 수면위내시경검사를 제한적으로 시행하여야 하는 것은 아니다. 환자의 물콩팥증이 심각하여 즉각적인 치료가 필요하였던 상황은 아니고, 환자가 고령자이긴 하나 피고 병원 내원 당시 소화불량, 구토 등을 호소하였기에 피고 병원 의료진으로서는 위내시경검사 시행 전 망인의 활력징후에 특별한 이상이 없었던 점 등을 고려하였다. 피고 병원 의료진이 환자에 대하여 수면위내시경검사를 시행한 것이 의사로서 합리적인 재량의 범위를 벗어난 것이라 단정하기 어렵고, 이를 인정할 증거가 없으므로, 원고들의 주장은 이유 없다.

나. 경과관찰을 소홀히 하여 응급조치를 지연한 과실이 있는지 여부: 법원 인정

(1) 원고 주장

피고 병원 의료진이 수면위내시경검사 과정 및 이후 병실로 이동하는 과정에서 환자의 활력징후에 대한 경과관찰을 소홀히 하여 환자에 대하여 신속하게 응급조치를 취하지 못한 과실이 있다고 주장한다.

(2) 법원 판단

미다졸람을 투여한 후 간혹 호흡억제나 순환억제가 나타날 수 있고 심한 경우 사망까지 초래할 수 있는 호흡정지 및 심정지 등이 나타날 수 있다. 특히 환자와 같은 고령자에 대하여는 위와 같은 상황이 초래될 위험이 더 높으므로, 피고 병원 의료진은 환자가 진정상태에서 완전히 회복할 때까지 활력징후를 지속적으로 관찰하여야 한다. 수면위내시경검사 종료 당시 환자의 상태가 안정적이었다고 하더라도 병실로 옮겨지는 도중 호흡정지 등이 발생할 가능성을 배제할 수 없으므로 완전히 각성된 것을 확인한 후 환자를 이동시킬 필요가 있다. 심폐기능이 정지되어 뇌에 4~5분 이상 산소공급이 중단될 경우 치명적이고 비가역적인 손상을 입게 되므로 심폐기능이 정지된 환자의 소생을 위해서는 신속한 심폐소생술의 시행이 필요하고, 환자의 경우 내시경검사실에서 병실로 이동하는 도중에 호흡정지 내지 심정지가 초래된 것으로 보인다. 피고 병원 의료진은 수면위내시경검사 이후 환자를 병실로 옮기는 과정에서 환자에 대한 경과관찰을 소홀히 하여 환자에 대하여 신속하게 심폐소생술을 시행하지 못한 과실이 있다고 봄이 상당하다.

다. 응급처치 과정에 과실이 있는지 여부: 법원 불인정

(1) 원고 주장

환자에게 청색증이 나타나고 맥박이 측정되지 않았으므로, 피고 병원 의료진은 신속하게 기관내 삽관술을 시행하여야 함에도 17분이나 경과한 후에야 기관내 삽관술을 시행한 과실이 있다.

(2) 법원 판단

피고 병원 의료진이 환자에 대하여 기도 유지, 산소 공급, 심장마사지, 앰부배깅 등 심폐소생술을 시행하였다. 이와 같은 조치에 앞서 기관내 삽관술을 반드시 먼저 시행하여야 하는 것은 아닌 점에 비추어 보면, 피고 병원 의료진이 시행한 응급조치 과정에 과실이 있다고 보기 어려우므로, 원고들의 주장은 이유가 없다.

라. 자기결정권 침해 여부: 법원 불인정

(1) 원고 주장

환자가 피고 병원 의료진에게 수면내시경이 아닌 일반내시경검사를 요구하였음에도 피고 병원 의료진이 이를 묵살하고 수면내시경검사를 시행하여 환자의 자기결정권을 침해하였다고 주장한다.

(2) 법원 판단

증거물의 각 기재는 선뜻 믿기 어렵고, 달리 이를 인정할 증거가 없으므로, 원고들의 위 주장은 이유가 없다.

3. 손해배상범위 및 책임 제한

가. 피고의 손해배상책임 범위: 40% 제한

나. 제한 이유

(1) 피고 병원 의료진이 환자에 대하여 초기에 심폐소생술을 시행하였다고 하더라고 뇌손상을 완전히 막기 어려운데다 환자가 고령이어서 치료 후에도 완전히 정상적인 육체활동을 하지 못하거나 심한 경우 사망할 여지도 있는 점

(2) 피고 병원 의료진은 늦게나마 뇌손상을 최소화하기 위해 심폐소생술을 시행하는 등의 조치를 취한 점

(3) 미다졸람은 비교적 안전한 약제로 호흡정지나 심정지 등이 발생할 것을 예측하기가 쉽지 않은 점

다. 손해배상책임의 범위

(1) 청구금액: 224,939,337원
(2) 인용금액: 92,273,199원
   ① 재산상 손해: 42,273,200원{(일실수입＋장례비)×40%}
     － 일실수입: 102,683,002원
     － 장례비: 3,000,000원
   ② 위 자 료: 50,000,000원

4. 사건 원인 분석

척추장애가 있던 환자는 소화불량, 구토, 옆구리 통증 등이 심하여 2010. 10. 5. 병원에 내원하였다. 복부 초음파 검사를 시행한 결과, 좌측 요관방광이음부 결석으로 인한 물콩팥증 소견이 있었다. 2010. 10. 8. 10:15경 수면위내시경검사를 시행하기 위하여 환자에게 수면진정제인 미다졸람 2.5mg과 내시경검사 전 투약제인 알기론을 투여하였다. 국소마취제인 싸이로카인을 식도 입구 부분에 분무한 후 10 : 25경까지 수면위내시경검사를 시행하였고, 가수면 상태인 환자를 병실로 옮겼다. 10 : 30경 환자의 전신에 청색증이 나타나고 맥박이 측정되지 않는 것을 발견하자 환자의 기도를 유지하고 산소를 공급한 후 심장마사지 및 앰부배깅을 시행하며 환자를 중환자실로 이동시켰다. 10 : 50경 이후 호흡 및 순환은 회복되었으나 의식은 회복되지 않았고, 2010. 11. 28. 저산소성 뇌손상으로 사망하였다. 이 사건과 관련된 문제점 및 원인을 분석해본 결과는 다음과 같다.

첫째, 환자는 고령이며 척추장애 기왕력이 있었다.

둘째, 수면위내시경검사를 시작하면서부터 의식이 돌아오는 회복단계까지 지속적인 활력징후의 확인이 필요하나 활력징후와 관련된 기록이 없으며, 환자상태를 관찰하였다는 내용을 확인할 수 없다.

셋째, 경과관찰을 소홀히 하여 응급조치가 지연되었다. 뇌에 4~5분 이상 산소공급이 중단될 경우 치명적이고 비가역적인 손상을 입게 되므로 심폐기능이 정지된 환자의 소생을 위해서는 신속한 심폐소생술의 시행이 필요함에도 기관내 삽관까지 17분이 소요되었다.

넷째, 미다졸람을 포함한 진정제에 대한 반응이 환자마다 편차가 큼을 고려하여야 하는데, 회복실에서 환자가 온전히 회복한 상태임을 확인하는 절차가 미흡했던 것으로 추정된다.

다섯째, 중환자실에서 병동으로, 병실에서 검사실로 등 현 시스템 상에서 환자의 이송은 불가피한 것이다. 의료인이 환자 이송을 전담할 수 없기에 이송인력에게 이송 업무를 위임하게 된다. 이 때 응급상황이 발생할 수 있기에 응급상황 대처방법, CPR 등의 기본 대처 능력이 요구되었으나 본 사건에서는 해당 부분이 미흡했던 것으로 보인다.

여섯째, 진정제 사용과 관련된 권고사항 및 지침에 대한 숙지와 활용이 미흡하였다.

일곱째, 원고들은 피고 병원 의료진이 환자의 건강상태를 고려하여 수면위내시경검사의 시행여부를 신중히 결정했어야 했다고 하였다. 이에 충분히 동의하지만 환자 또한 자신의 의사를 적극적으로 표현하고 치료과정에 참여할 필요가 있다(〈표 1〉 참조).

〈표 1〉 원인분석

분석의 수준	질문	조사결과
왜 일어났는가? (사건이 일어났을 때의 과정 또는 활동)	전체 과정에서 그 단계는 무엇인가?	− 마취 후 회복단계
가장 근접한 요인은 무엇이었는가? (인적 요인, 시스템 요인)	어떤 인적 요인이 결과에 관련 있는가?	• 환자 측 − 치료과정에 수동적으로 참여함 • 의료인 측 − 내시경검사 시행 전 환자상태에 대한 평가 소홀 − 마취 후 회복될 때까지 지속적인 활력징후 사정 　소홀 − 회복실에서 환자 회복여부 확실히 확인하지 않음 − 응급상황에 대한 적절한 대치 미흡
	시스템은 어떻게 결과에 영향을 끼쳤는가?	• 의료기관 내 − 이송인력의 응급상황, CPR 등의 위기상황 대처 능 　력 미흡 • 법·제도 − 진정제 사용에 대한 권고사항 또는 지침 숙지 위 　한 지원 부족

5. 재발방지 대책

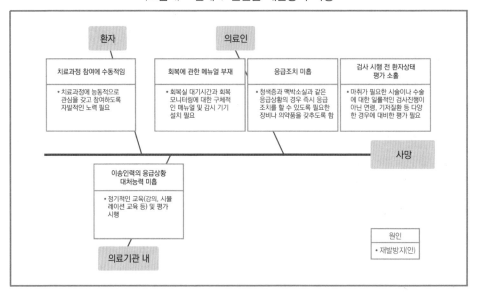

〈그림 1〉   판례 1 원인별 재발방지 사항

원인별 재발방지 대책은 〈그림 1〉와 같으며, 각 주체별 재발방지 대책은 아래와
같다.

(1) 환자 차원의 검토 사항

환자 및 보호자의 참여는 의료진이 미처 파악하지 못한 환자의 상태를 파악할
수 있는 기회를 제공하기도 한다. 이에 환자 및 보호자가 의료과정에 보다 적극적으
로 참여할 필요가 있다.

(2) 의료인의 행위에 대한 검토사항

(가) 회복에 관한 구체적 매뉴얼 필요

본 사건에서 SpO$_2$ monitor를 통하여 의식이 돌아올 때까지 지속적인 모니터링
을 실시하였다면, 청색증과 맥박소실이라는 systemic response를 확인하기 전에 객
관적인 SpO$_2$ 수치를 근거로 저산소증을 예방할 수 있었을 것이다.

의식의 완전 회복이 이송 가능 여부를 판단하는 기준은 아니며 의식이 회복된 후에도 다시 의식 상실이 발생할 수 있다. 따라서 회복실 대기 시간과 회복 모니터링에 대한 구체적 매뉴얼이 필요하며 이를 시행할 수 있는 인력과 생체 신호 감시 기기 등의 설치가 필요하다.

(나) 신속한 응급조치

법원의 판단과 같이 이번 경우에서는 응급처치의 적절성 여부를 정확하게 파악하기는 어렵다. 미다졸람은 해독제가 존재하므로 약물 투여는 필요한 조치였으며 앰부배깅 등이 산소 공급을 어느 정도 가능하게 함으로, 기관 삽관이 필수적인 처치인지 여부는 불확실하다. 다만 응급상황 조치를 위한 장비 및 약물을 제대로 갖추고, 주기적인 교육을 통해 보건의료인의 응급 조치 기술을 숙련시킬 필요가 있다.

(다) 환자 맞춤형 마취 전 평가 검사 필요

본 사건의 환자는 고령에 기왕력까지 있던 환자로 건강한 사람에게 요구되는 마취 가능 요건보다 좀 더 엄격한 평가가 이루어져야 한다. 이에 일률적인 사전 평가 검사 보다는 환자 개인에 적합한 평가가 이루어져야 한다.

(3) 의료기관 운영체제에 관한 검토사항

(가) 이송인력의 응급상황 대처 능력 강화

이송인력은 비의료인으로 보통 의료기관에 계약직으로 채용되어 근무하는 경우가 많다. 그러나 응급상황은 어느 곳에서나 발생할 수 있으므로 비의료인이라 하더라도 응급상황에 대한 정기적인 교육 및 평가를 시행하도록 한다.

(4) 국가 및 지방자치단체 차원의 검토사항

(가) 진정제 사용에 대한 가이드라인 숙지

의식하 진정 내시경검사의 사전 준비, 사용 가능한 진정제와 효과적인 사용법, 환자 모니터링 등 가이드라인을 마련하고 있으나 의료진들의 숙지 및 준수가 미비한 실정이다. 이에 의료인들이 가이드라인을 숙지하고 준수할 수 있도록 환경을 조성하여야 한다. 그리고 진정 내시경을 시행하기 위한 환자 감시 장비나 인력이 제대로 갖추어졌는지 여부 등에 대한 점검을 지속적으로 시행·보완해 나가야 한다. 또한 환자 모니터링 설비 그리고 의무 기록 작성을 위한 예산 투여 등도 고려해야 할 것이다. 보다 안전하고 효과적인 내시경검사를 위하여 의식하 진정을 위한 진정제 사용 현황을 명확히 파악하고 의료인이 유관 학회참석 및 온라인 교육이수 등을 통해 진정제 사용과 관련된 내용을 충분히 숙지할 수 있도록 지원해야 한다.

┃참고자료┃ 사건과 관련된 의학적 소견2)

　미다졸람은 수면진정제로 검사나 시술 전 단기간의 진정목적이나 중환자실 환자의 장기간 진정 목적으로 사용된다. 심혈관계나 호흡기계 질환을 가진 환자, 노약자, 다른 호흡억제제를 사용하고 있는 환자의 경우 신중하게 투여하여야 한다. 고령자나 쇠약환자는 통상적으로 투여하는 용량보다 저용량이 필요하다. 미다졸람은 수면진정제 중 비교적 안전영역이 넓은 약제이나 흡입억제나 순환억제가 간혹 나타날 수 있고 심한 경우 사망까지 초래할 수 있는 호흡정지 및 심정지 등이 나타날 수 있으므로 이에 대비하여 산소를 투여할 수 있는 기구, 승압제, 환자 감시장비 등이 필요하며 투약 전반의 과정에서 환자의 호흡상태, 혈압, 맥박, 산소포화도 등의 감시가 필요하다.

---

2) 해당 내용은 판결문에 수록된 내용임.

판례 2. 수면내시경검사 중 응급처치 지연으로 인한 환자사망 사건_대전 지방법원 2012. 10. 10. 선고 2010가합2477 판결

　　38세의 허혈성 심장질환의 과거력이 있는 환자(남성)는 소화가 잘 되지 않고 속이 쓰려 내원하였고 수면내시경검사를 시행하기로 하였다. 검사를 위해 미다졸람(midazolam) 및 프로포폴(propofol)을 투여하였고, 수면상태에 이르렀으나 움직임이 심해 프로포폴을 추가로 투약하였다. 추가 투약 직후 호흡곤란과 청색증이 나타났고 119 구조대에 신고 후 기도삽관을 시도하였으나 실패하였다. 타병원 이송 및 응급조치 등을 시행하였으나 결국 환자는 사망하였다[대전지방법원 2012. 10. 10. 선고 2010가합2477 판결]. 이 사건의 자세한 경과는 다음과 같다.

1. 사건의 개요

날짜	시간	사건 개요
2009. 9. 19		• 소화가 잘 되지 않고 속이 쓰려 처와 함께 피고 병원 내원(환자 남자. 사고당시 38세)
		• 정확한 진단 위하여 수면내시경검사 받기로 함
	09 : 43	• 수면내시경검사실에 들어가 간호조무사에 의해 혈압을 재고 알피트(Alpit™) 주사를 맞고 가스콜(Gascol™)을 교부받아 복용함
	09 : 58	• 간호조무사가 미다졸람 5cc 투여하였으나 의식이 있어 프로포폴 3cc 투여함
	09 : 59	• 수면상태에 이르렀으나 움직임이 심해 프로포폴 3cc 추가로 투약함
	10 : 00	• 호흡곤란과 청색증 등이 나타남
	10 : 02	• 119 구조대에 신고
	10 : 04	• 119 구조대 출동. 출동 전까지 기도삽관 3회 가량 시행하였으나 실패함. 구조대로부터 다른 후두경을 빌려 재차 시도하여 환자의 기도 확보함
	10 : 18	• 피고 병원의 간호조무사 2명 동반 하에 A병원으로 후송됨
	10 : 22	• 응급실 도착당시 복부팽창 증상이 나타났고 자발호흡 및 동공반사 없는 상태임

날짜	시간	사건 개요
2009. 9. 19	10 : 32	• 심폐소생술, 기도관 재삽입 통해 호흡과 맥박 일부 회복
2009. 9. 21		• B병원으로 전원
2009. 9. 28		• 사망

2. 쟁점별 당사자 주장과 법원의 판단

가. 내시경검사 전 사전검사를 소홀히 한 과실 여부에 대한 판단: 법원 불인정

(1) 원고 주장

환자는 평소 고혈압, 심비대 및 허혈성 심질환을 앓고 있었고, 자주 가슴 통증을 호소한 바 있다. 수면내시경검사를 시행하기 전 환자의 상태가 검사에 적합한 지를 사전에 면밀히 검사하여야 함에도 불구하고 이를 소홀히 한 과실이 있다.

(2) 법원 판단

수면내시경검사는 짧은 시간에 안전하게 시행되는 비교적 위험도가 낮은 시술의 하나로 널리 시행되고 있다. 다만 고령의 나이, 심각한 폐질환으로 인한 호흡기의 문제가 있거나, 심부전이나 허혈성 심질환 또는 심한 부정맥 등의 경우에는 시술을 하기 전에 정밀검사를 시행하기도 한다. 그러나 환자는 2009년도 건강검진 결과 고혈압, 과체중 외에는 별다른 건강상 문제가 없는 것으로 진단 받았다. 2008. 8.부터 고혈압 치료를 해왔는데 2009. 3. 우측하부가슴통증을 1회 호소한 외에는 수면내시경검사를 받기 전까지 가슴통증을 호소한 적이 없고, 검사 받은 날 문진할 당시에도 속이 쓰리고 소화가 잘 되지 않는다고 말하였을 뿐이다. 대한의사협회장은 2010. 6. 11.자 감정촉탁회신서를 통하여 '망인의 경우 나이가 젊고 혈압 조절이 잘 되며, 일상생활의 활동에 지장이 없을 정도로 건강상태가 양호하였기 때문에 시술 전에 반드시 심비대 등의 검사를 할 필요는 없었다'라는 취지로 의견을 밝혔다. 이에 따라 추가적인 사전검사 없이 수면내시경검사를 시행한 것에 어떠한 과실이 있다고 보기 어렵다.

나. 마취약물의 투여 주체의 적정성 여부에 대한 판단: 법원 불인정

(1) 원고 주장

피고는 마취전문의 등의 인력을 갖추지 않은 상태에서 자신은 현장 입회하지 않은 채 피고 병원의 간호조무사(피고의 누나)로 하여금 미다졸람 및 프로포폴을 투여하게 한 과실이 있다.

(2) 법원 판단

환자가 수면내시경검사실에 입실한 2009. 9. 19. 9 : 43경부터 9 : 57경까지 약 7명의 환자를 진료한 사실은 인정되나, 위 사실만으로 피고가 수면내시경검사실에 들어가지 않았다고 단정하기 어렵다. 또한 피고는 수사기관에서 일관되고 상세하게 진술하고 있어 피고는 자신의 입회하에 망인에게 프로포폴 등을 투여하게 한 것으로 봄이 상당하다.

피고는 현장에서 자신의 관리·감독 하에 간호조무사에게 프로포폴의 투약용량 및 방법 등에 관하여 구체적인 지시를 하였다. 프로포폴 등의 경우는 마취과 전문의가 아니더라도 수면내시경검사 등을 실시하는 의사들에 의해 널리 사용되는 마취제이고, 정맥주사는 원칙적으로 의사가 직접 주입하도록 되어 있다. 그러나 대학병원에서도 일반적으로 의사의 지시·감독 하에 간호사가 마취제를 투약하는 것이 일반적이라고 한 사실이 인정된다. 비록 환자 상태에 대한 관리 및 주의의무가 피고에게 있다고 할지라도 피고가 간호조무사에게 프로포폴 등을 정맥 주입하도록 지시한 것을 두고 부적절한 조치라고 보기는 어렵다.

다. 마취과정에서의 과실 여부에 대한 판단: 법원 불인정

(1) 원고 주장

피고는 용법에 따라 시간적인 간격을 두고 적정한 양을 투여하지 않고 한꺼번에 과다한 양을 투여하였을 뿐만 아니라, 최초 프로포폴 3cc를 투여한 후 환자가 비정상적인 경련을 일으켰음에도 불구하고 환자의 산소포화도를 제대로 측정하지도 않은 채 프로포폴 3cc를 추가로 투입하여 호흡곤란 등을 유발하게 한 과실이 있다.

(2) 법원 판단

피고가 환자에게 최초 미다졸람 3cc를 투여한 후 약 2내지 3분 동안 두 차례에 걸쳐 추가로 프로포폴을 각 3cc씩 합계 60mg을 투여하였다. 프로포폴의 경우 전신마취 유도를 위한 적정투여량은 체중 1kg당 1내지 2mg이고 환자의 체중은 108kg였다. 수면내시경검사 시행 당시 망인에게 투여할 수 있는 프로포폴 총량은 108mg 내지 216mg이고 미다졸람은 5mg 이하인데, 프로포폴과 미다졸람을 함께 투여할 경우 두 약제의 상승효과가 나타날 수 있기 때문에 약제의 용량을 줄여서 사용하는 것이 원칙이다. 이에 따라 최저용량을 기준으로 계산하면 프로포폴 108mg, 미다졸람 5mg 정도의 용량을 사용할 수 있다.

환자는 정상범위 내로 조절 가능한 고혈압 환자였고, 전신상태가 양호하여 프로포폴에 의한 수면내시경검사에 부적합한 환자였다고는 볼 수 없다. 수면내시경검사를 위하여 진정제를 투여한 후 진정되지 않을 시 어느 대처방안을 실시할지 여부는 환자의 반응과 상태를 직접 관찰한 의사가 당시 상황에 비추어 적절하게 판단할 수밖에 없다. 사람마다 그 신체적 특성이 달라 마취제의 적정량은 일률적으로 판단할 수 없고 환자의 경우 체격이 상당히 컸던 점 등까지 보태어 보면 피고가 사용한 프로포폴 및 미다졸람의 투여량이 과다하거나 투여방법이나 속도가 급속하여 부적절했다고 보기 어렵다.

피고는 당시 환자의 손가락에 산소포화도 감시장치를 부착하고 최초 프로포폴 3cc를 투여한 후 산소포화도가 96%로 정상 범위 내에 있음을 확인하였다. 그러나 환자의 몸부림이 심해 감시장치를 다시 부착하기는 어려웠고, 이에 피고는 육안으로 환자의 상태를 확인한 후 프로포폴을 추가로 투여하였다. 위 사실에 비추어 보면 피고가 환자에 대한 경과관찰 등을 해태한 과실이 있다고 보기 어렵다.

라. 응급상황에 대한 준비 및 응급처치상의 주의의무 위반 여부에 대한 판단: 법원 인정

(1) 원고 주장

프로포폴을 사용한 수면내시경검사는 기도유지와 심폐소생술, 산소공급 등을 위한 장비를 완전히 갖춘 상태에서 실시하여야 함에도 불구하고, 산소호흡기와의 연결

장치가 떨어져 있는 산소통을 구비해 놓는 등 응급처치를 위한 준비가 미흡했다. 기도삽관을 시행하였으나 이를 계속 실패하였으며 기도삽관 외에 산소호흡기를 통한 산소공급이나 심폐소생술 등의 조치는 전혀 실시하지 않은 과실이 있다.

(2) 피고 주장

수면내시경검사실 바로 옆 인공신장실에 정상적으로 작동하는 산소통을 구비해 두고 있었고, 환자가 호흡곤란을 일으키는 것을 보고 곧바로 인공호흡을 실시하였다. 피고의 술기 부족 때문이 아니라 환자가 비만이고 목이 짧은 등 경직된 해부학적 요인에 의해 후두개 시야 확보 등의 어려움으로 기도삽관을 세 차례 가량 실패한 것이다. 119 구조대가 도착한 직후에는 기도삽관을 성공하여 산소를 공급하였으므로 피고에게는 응급처치상의 과실이 없다.

(3) 법원 판단

해부학적 특성이 있어 만일의 경우 이로 인하여 기도유지 내지 확보가 어려울 수 있음을 충분히 예상할 수 있었다. 환자의 신체적 특성 등을 고려한 신속한 심폐소생술, 기도삽관술 등 응급조치를 취할 수 있는 기구와 장비를 미리 갖추어야 함에도 불구하고 환자에게 적합한 기도삽관을 위한 튜브, 후두경 등을 확보하지 않은 채 검사를 시작하였다. 기도삽관을 계속 실패함으로써 10분 이상 환자의 기도가 제대로 유지되지 못하였고, 이로 인하여 환자가 저산소성 뇌손상에 이르게 되었다. 119구조대가 현장에 출동한 직후 구조대원으로부터 후두경 등의 장비를 빌려 기도삽관을 시도하고서야 비로소 기도를 불완전하게나마 확보하게 되었다. 피고는 1997. 4경 병원을 개원한 후 약 10년이 넘는 기간 동안 기도삽관을 시행한 횟수가 총 두 세 차례에 불과했다라는 진술에 비추어 오로지 환자의 해부학적 요인 때문에 기도삽관을 시행하지 못하였다고 단정하기 어렵다. 119 구조대가 도착했을 당시 산소공급 장치 등을 보지 못하였고, 환자를 구급차에 옮겨 실은 후 산소포화도에 반응이 없었다. 경동맥도 무반응으로 나타난 것을 확인하였으며 이때부터 심폐소생술을 시행하기 시작하였다. 실제로 산소와 연결되지 않는 산소통을 수면내시경검사실에 비치하고, 미다졸람의 길항제, 즉 해독제인 아넥세이트(Anexate™)도 유효기간이 경과한 제품을 구비하는 등 사전준비가 미흡하였다. 이를 미루어보아 적절한 응급처치를 하여야 함에도 불구하고, 기도삽관에 대한 술기부족 또는 응급처치에 대한 준비부족으로 기도삽관 등에 실패하였다고 봄이 상당하다.

마. 설명의무 위반 여부에 대한 판단: 법원 인정

(1) 원고 주장

수면내시경검사를 시행하기 전에 환자에게 프로포폴 등의 부작용과 합병증 등 그 위험성에 대하여 미리 고지·설명하지 아니하였다고 한다.

(2) 피고 주장

수면내시경검사의 위험성에 대하여 미리 고지하고 일반내시경검사를 추천하였음에도 불구하고 환자가 먼저 수면내시경검사를 요구하였다고 한다.

(3) 법원 판단

피고가 환자에게 설명의무를 이행하였다고 인정할 별다른 증거가 없다. 증거에 의하면 피고가 환자의 가족들에게 프로포폴의 위험성에 관하여 별다른 설명을 하지 않았다고 시인한 사실에 비추어 보면, 피고는 의사로서 설명의무를 위반하였다고 봄이 상당하다.

다만 수면내시경검사를 위해서는 수면유도를 위한 약제나 마취제의 사용이 불가피하였다. 프로포폴의 경우 사용에 따른 호흡곤란 등의 증상은 전형적인 부작용이기는 하나 발생빈도는 높지 않은 것으로 보이고, 프로포폴이 흔히 사용된다. 그 밖에 피고에게 수면내시경검사를 요청하게 된 경위 등을 고려해 보면, 피고가 수면내시경검사에 앞서 위험성에 대한 설명의무를 다하였다 하더라도 환자가 수면내시경검사를 거부하고 일반내시경검사 또는 대체 약제의 사용 등을 요구하였다고 단정하기 어렵다. 이에 따라 피고의 설명의무 위반과 환자의 저산소증 뇌손상으로 인한 사망에 따른 재산상 손해 사이에 상당인과관계가 있다고 할 수 없고, 달리 인정할 증거도 없다.

따라서 의사의 설명 결여 내지 부족으로 인하여 환자가 자기결정권을 행사할 수 없거나 선택의 기회를 상실하게 됨으로써 입게 된 상당인과관계가 있는 정신적 고통에 대한 위자료 손해만을 인정한다.

3. 손해배상범위 및 책임 제한

가. 피고의 손해배상책임 범위: 40% 제한

나. 제한 이유

(1) 미다졸람은 비교적 안전한 약제로 호흡정지나 심정지 등이 발생할 것을 예측하기가 쉽지 않고, 프로포폴은 길항제가 없기는 하나 빠른 수면효과 환자의 높은 만족도 등을 이유로 이를 사용한 수면내시경검사가 빈번하게 이루어지고 있는 점

(2) 환자는 목이 짧고 굵으며, 비만인 상태였으므로 그 해부학적인 구조상 기도삽관의 시행이 쉽지 않았을 수도 있는 점

(3) 종합병원과 달리 일반내과의원의 경우 호흡곤란 증세를 일으킨 환자에 대하여 완전한 응급조치 장비의 완비 등에는 한계가 있을 수 있는 점

(4) 환자의 연령, 병력 등에 비추어 갑작스런 호흡곤란 등의 증상이 나타날 것을 쉽사리 예측하기 어려웠을 것으로 보이는 점

(5) 마취약제를 투여한 후 호흡곤란이 발생하자 즉시 기도삽관 등의 응급처치를 시도하였고, 119구조대에도 곧바로 연락을 취한 점

(6) 119구조대를 통해 망인을 상급병원으로 전원할 당시에도 피고 병원의 간호조무사를 동승케 하는 등 나름대로 최선의 조치를 하려고 노력한 점

다. 손해배상책임의 범위

(1) 청구금액: 688,685,421원

(2) 인용금액: 281,854,574원

① 재산상 손해: 244,854,577원{(일실수입＋기왕치료비＋장례비)×40%}

－ 일실수입: 607,211,997원

－ 기왕치료비: 1,924,446원

－ 장례비: 3,000,000원

② 위자료: 37,000,000원

4. 사건 원인 분석

이 사건에서 환자는 소화가 잘 되지 않고 속이 쓰려 아내와 함께 병원에 내원하였으며 정확한 진단을 위해 수면내시경검사를 받기로 하였다. 수면내시경검사를 위해 미다졸람 5cc를 투여하였고, 의식이 있어 프로포폴 3cc를 추가로 투여하였다. 그로부터 1분 후 호흡곤란과 청색증 등이 나타나 119 구조대에 신고하였다. 구조대가 현장에 출동할 때까지 피고는 기도삽관을 3회 가량 시행하였으나 모두 실패하였고, 그 후 119 구조대로부터 다른 후두경을 빌려 재차 시도하여 환자의 기도를 확보하였다. 피고 병원의 간호조무사 2명 동반 하에 타병원으로 후송되었고 환자상태는 복부 팽창증상, 자발호흡 및 동공반사가 없는 상태였다. 심폐소생술 및 기도관을 재삽입하여 호흡과 맥박이 회복되었으나 저산소성 뇌손상으로 사망하였다. 이 사건과 관련된 문제점 및 원인을 분석해본 결과는 다음과 같다.

첫째, 응급상황에 대한 준비가 미흡하였고 응급처치가 지연되었다. 본 사건에서 의사는 환자를 구급차에 옮겨 실은 후 산소포화도 및 경동맥 반응이 없자 심폐소생술을 시행하는 늦은 대처를 보였다.

둘째, 검사 시 활력징후를 지속적으로 모니터링 하여 환자의 응급상황에 대비하여야 한다. 수면내시경검사를 시행 받는 환자에게는 맥박산소측정기를 적용시키고, 산소포화도 감소 시에 반드시 알람 소리가 울리도록 설정해 두어야 한다. 그러나 피고는 산소포화도 모니터링 없이 검사를 진행하였다.

셋째, 수면내시경검사를 시행하기 전에 프로포폴 등의 부작용과 합병증에 대하여 설명의무를 이행하지 않았다. 환자는 설명 결여 내지 부족으로 인하여 자기결정권을 행사할 수 없거나 선택의 기회를 상실하였다.

넷째, 응급처치에 대한 구조적 환경 조성이 미흡하였다. 119 구조대가 도착했을 당시 산소공급 장치 등을 보지 못하였고, 실제로 산소와 연결되지 않는 산소통을 수면내시경검사실에 비치하였다. 미다졸람의 길항제, 즉 해독제인 아넥세이트도 유효기간이 경과한 제품을 구비하는 등 사전준비가 미흡하였다(〈표 2〉 참조).

〈표 2〉 원인분석

분석의 수준	질문	조사결과
왜 일어났는가? (사건이 일어났을 때의 과정 또는 활동)	전체 과정에서 그 단계는 무엇인가?	- 검사 단계 - 응급처치 단계
가장 근접한 요인은 무엇이었는가? (인적 요인, 시스템 요인)	어떤 인적 요인이 결과에 관련 있는가?	• 의료인 측 - 검사 시 지속적인 활력징후 감시 미흡(수면마취 시 정맥혈 산소포화도를 지속적으로 사정해야 함) - 응급상황에 대한 준비 미흡 및 응급처치 지연 - 설명의무 위반 - 응급환자 전원 시 의사 혹은 간호사(또는 응급구 조사)가 동승해야 하나 이에 대한 지식 결여(간호 조무사는 법적으로 의료인이 아님)
	시스템은 어떻게 결과에 영향을 끼쳤는가?	• 의료기관 내 - 응급상황 발생 시 원활하게 응급처치할 수 있는 구조적 환경 조성 미흡

5. 재발방지 대책

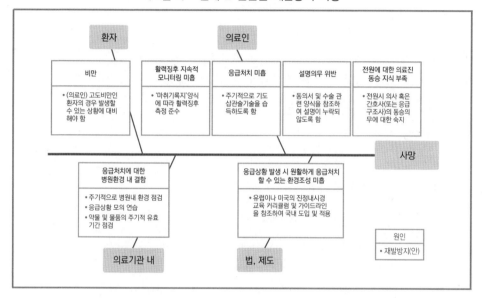

〈그림 2〉 판례 2 원인별 재발방지 사항

원인별 재발방지 대책은 〈그림 2〉와 같으며, 각 주체별 재발방지 대책은 아래와 같습니다.

(1) 환자 차원의 검토사항

(가) 환자의 신체적 특성으로 인해 발생할 수 있는 상황에 대비

환자는 약 108kg 정도의 체중이었으므로 의료인은 환자가 지닌 신체적 특이사항을 반영한 상황을 예상하고 대비해야 한다.

(2) 의료인의 행위에 대한 검토사항

(가) 의료인의 역량 강화

의료인은 기도삽관기술을 숙지할 수 있도록 주기적으로 교육을 받고, 진정 하에 검사를 시행하기 전 응급상황에 대비하여 환자에게 맞는 기도삽관을 준비할 수 있도록 한다. 또한 응급상황으로 인해 전원을 가게 되는 경우 구급차에서 발생할 상황에 대비하여 구급차에 응급구조사가 없을 경우 동승하도록 한다. 기도 삽관은 자주 시행하게 되는 시술이 아니며, 응급조치의 적절성 여부가 기도 삽관에 집중되는 경우에는

이 사례와 같이 오히려 무리한 기도 삽관으로 시간을 낭비할 수 있으므로 제대로 된 응급 처치의 숙지가 더 필요하다.

(나) 환자에 대한 정확한 문진과 신체검진

환자의 경우 체중이 약 108kg 정도인 비만환자로 피고는 기관내삽관이 어려웠다고 주장하였다. 비만 환자의 경우 기관 내 삽관은 어려울 수 있으며 이러한 환자에서는 진정 내시경 시행을 더욱 조심해서 결정해야 하며 기도 삽관 이외의 방법으로 산소 공급을 할 수 있음을 주지할 필요가 있다.

(3) 의료기관 운영체제에 관한 검토사항

정기적으로 학회 등을 통한 교육이 추천된다. 더불어 의료기관에 비치된 약물 및 물품의 유효기간을 주기적으로 점검하여 관리한다.

(4) 국가 및 지방자치단체 차원의 검토사항

기관절개술, 기도내 삽관 등의 술기가 필요할 것으로 생각되는 진료과(예. 응급의학과, 내과 등)의 전공의 수련과정에서 해당 교육이 실시될 수 있도록 지원이 필요하다. 국내 소화기내시경학회 진정내시경 가이드라인(2015)에 따르면 진정내시경을 위한 커리큘럼이나 가이드라인은 각 나라의 건강보험 체계나 법률에 따라 다양할 수밖에 없다. 그러나 기본 원칙과 방법을 포함한 진정내시경의 전 과정에 대한 교육은 지역이나 나라에 상관없이 진정내시경을 시행하는 모든 의료진에게 필수적이다. 현재 유럽 소화기내시경학회와 미국 소화기내시경학회에서는 진정내시경 교육 커리큘럼 및 가이드라인을 만들어 내시경의사와 간호인력의 교육에 사용하고 있다. 우리나라 역시 이와 유사하게 가이드라인을 개발하여 유관 학회에서 주기적인 교육을 시행하고 있다. 이에 대해 국가 및 지방자치단체에서는 관련된 의사들을 대상으로 교육을 시행하고 홍보할 수 있도록 한다.

| 참고자료 1 | 사건과 관련된 의학적 소견3)

1. 미다졸람

1) 미다졸람은 수면진정제로 검사나 시술 전 단기간의 진정목적이나 중환자실 환자의 장기간 진정 목적으로 사용된다.

2) 심혈관계나 호흡기계 질환을 가진 환자, 노약자, 다른 호흡억제제를 사용하고 있는 환자의 경우 신중하게 투여하여야 한다. 고령자나 쇠약환자는 통상적으로 투여하는 용량보다 저용량이 필요하다. 내시경 또는 심혈관계 처치를 위하여 정맥주사를 할 경우 60세 미만의 성인에게는 초회량으로 약 2 내지 2.5mg을 2~3분 동안 주입한다. 원하는 진정수준에 도달하기 위한 총 투여량은 5mg 이하이다.

3) 미다졸람은 수면진정제 중 비교적 안전영역이 넓은 약제이나 호흡억제나 순환억제가 간혹 나타날 수 있고 심한 경우 사망까지 초래할 수 있는 호흡정지 및 심정지 등이 나타날 수 있으므로 이에 대비하여 산소를 투여할 수 있는 기구, 승압제, 환자 감시장비 등이 필요하며 투약 전반의 과정에서 환자의 호흡상태, 혈압, 맥박, 산소포화도 등의 감시가 필요하다.

2. 프로포폴

1) 프로포폴은 가장 최근에 소개된 정맥마취제로 치오펜탈과 유사한 작용을 가진 진정 최면제이고, 알킬 페놀유도체이다.

2) 프로포폴을 투약하는 방법은 매우 다양한데, 수면내시경검사를 위하여 투약하는 경우, 통상 처음에 3 내지 5분에 걸쳐 0.5mg/kg 용량을 정맥에 주입하는 것이 일반적이며, 투약 후 30 내지 60초가 경과하면 수면상태에 도달하게 된다. 한편, 약제설명서에는 전신마취를 유도하는 경우 보통 건강한 성인에게는 10초마다 40mg을 정맥주사하고, 55세 미만의 성인에게는 체중 1kg당 1.5 내지 2.5mg을 투여하며, 투여속도를 감소시켜(20~50mg/분) 총투여량을 감소시킬 수 있고, 55세 이상의 경우에는 일반적으로 감량하여 투여해야 하며, ASA 3, 4등급 환자에는 투여속도를 감소하여 10초마다 20mg을 투여해야 한다고 설명하고 있다.

3) 프로포폴의 부작용으로 저혈압, 호흡억제 등이 있는데, 프로포폴에 대한 길항제가 없으므로, 고령의 환자에게는 그 투여량을 감량할 필요가 있으며, 프로포폴에 의한 수면내시경검사를 시행하는 경우 기도유지와 심폐소생술을 할 수 있는 장비를 갖춘 상태에서 심폐소생술에 전문

---

3) 해당 내용은 판결문에 수록된 내용임.

식견을 가진 의사가 사용해야 하며, 검사 중에는 지속적으로 산소포화도, 혈압, 심전도를 계속
적으로 감시하여야 한다.

3. 호흡저하에 대한 응급처치

1) 갑작스런 호흡저하나 호흡정지는 저산소증을 일으키며 결국 뇌손상과 중요장기의 손상을
야기하여 사망에 이르게 하는데, 뇌 저산소증이 3~4분 이내인 경우에만 예후가 양호하기 때문
에 되도록 빨리 호흡저하에 대해 응급처치를 하여야 한다.

2) 호흡저하에 대한 응급처치로 ① 우선 환자의 기도를 확보하고, ② 앰부배깅 등의 방법을
통하여 인공호흡을 실시하고, ③ 환자의 흉부를 압박하는 심폐소생술을 시행하여야 하며, 정맥
에 에피네프린 등을 주입하여야 한다.

3) 기도가 폐쇄되어 있는 경우 일반적으로 기도삽관술을 시행하여 기도를 유지하게 되는데,
기관 튜브를 환자의 입이나 코를 통하여 기관까지 삽입하는 방법으로 기도를 확보할 수 있고,
기관 튜브가 외부로 나와 있는 끝 부위에 산소가 연결된 앰부백이나 인공호흡기를 연결하여 인
공호흡을 시켜주면 폐로 산소와 공기를 공급할 수 있다. 전신마취를 한 환자의 기관 내 삽관은
보통 후두경을 사용하여 기관 튜브가 식도가 아닌 성대 안으로 들어 가도록 해야 하는데, 성대
가 위치한 후두의 후두개를 확인한 후 후두경으로 후두개를 들어 올리고 기관 튜브를 기관에
삽관한다.

4. 저산소증과 저산소성 뇌손상

1) 저산소증은 호흡기능의 장애로 숨쉬기가 곤란하여 체내 산소분압이 떨어진 상태로 동맥
혈가스분석검사를 실시하였을 때 산소분압이 60mmHg 미만이거나 산소포화도가 90% 미만일
경우를 의미한다. 저산소증은 특히 중추신경계 영역의 변화를 일으키는바 급성 저산소증의 경
우 급성 알코올 중독과 비슷한 판단력 장애, 운동실조 등의 증상을 유발할 수 있고, 폐 부종이
나 뇌 부종을 초래하기도 하며, 저산소증이 심해지면 결국 호흡곤란에 의해 사망하게 된다.

2) 한편, 저산소성 뇌손상이란 저산소에 따른 뇌장애 증후군으로서 저혈압이나 호흡부전으
로 인한 뇌의 산소 결핍으로 발생하는데, 그 구체적인 원인으로는 심근 경색증, 심정지와 순환
기의 허탈을 동반한 출혈, 쇼크, 질식 등이 있다.

┃참고자료 2┃ 구급차 관리운용 지침(제3판)(2015. 12. 보건복지부)

○ 응급구조사 등의 탑승의무 준수

* 구급차의 운용자는 응급환자를 이송하거나 이송하기 위하여 출동하는 때에는 응급구조사
  (또는 의사, 간호사) 1인 이상과 운전사* 1인이 탑승하도록 하여야 함
* 운전사가 응급구조사 자격을 가지고 있더라도 응급구조사 탑승으로 인정되지 않음
  (응급의료에 관한 법률 제48조, 제55조 제2항 제1호, 제62조 제1항 제3호의2, 시행규칙
  제39조)

〈위반 시 처분사항〉

• 행정처분(시행규칙 별표 18 버목)

처분 대상	1차 위반	2차 위반	3차 위반
구급차등을 운용하는 자	업무정지 7일	업무정지 1개월	업무정지 2개월

• 구급차 운용자에게 과태료 150만원 부과(시행령 별표 2 라목)

판례 3. 수면내시경검사 후 경과관찰 및 응급처치 소홀로 인하여 환자가 사망한 사건_서울중앙지방법원 2015. 9. 22. 선고 2014가합516494 판결

46세의 남성 환자는 건강검진 및 수면내시경검사를 위해 내원하였다. 검사 종료 후 갑자기 산소포화도 저하 등 이상증상이 발생하였고, 응급처치 후 타병원으로 이송하였으나 사망하였다[서울중앙지방법원 2015. 9. 22. 선고 2014가합516494 판결]. 이 사건의 자세한 경과는 다음과 같다.

1. 사건의 개요

날짜	시간	사건 개요
2013. 12. 28	07 : 50	• 건강검진 및 수면내시경검사 위해 내원(환자는 남자. 사고 당시 46세) • 문진표작성, 흉부방사선검사, 신체계측, 혈액검사 등 시행
	08 : 36	• 수면내시경 위해 검진센터로 감 • 맥박 90회/분, 산소포화도 97%
	09 : 11	• 의사의 지시를 받은 간호조무사는 프로포폴 12ml를 정맥주사로 투약 • 수면내시경검사 시작 • 추가로 프로포폴 2ml 투약
	09 : 15	• 수면내시경검사 종료 • 내시경 기계 및 카테터 제거하자 환자 기침함 • 산소포화도 44%, 청색증 • 심폐소생술 시행, 에피네프린주사
	09 : 25	• 간호사가 내시경실이 있는 2층에서 1층으로 내려감
	09 : 28	• 앰부백 등을 들고 2층으로 올라가는 모습 CCTV 통해 확인
	09 : 58	• 피고 병원 구급차 이용하여 A병원으로 이송 • 타병원 응급실 도착 • 활력징후 관찰 안됨 • 심폐소생술 실시

날짜	시간	사건 개요
2013. 12. 28	11:42	• 활력징후 돌아온 상태에서 저체온증 치료 위해 B병원으로 전원 • 혈압 64/22mmHg, 맥박 98회/분, 산소포화도 80%, 체온 34.2℃ • 인공호흡기 치료와 저체온증 치료 시행함
2014. 1. 5	20:06	• 사망

2. 쟁점별 당사자 주장과 법원의 판단

가. 약물 투여 과정에서 활력징후 감시 등 경과관찰을 소홀히 한 과실이 있는지 여부: 법원 인정

(1) 원고 주장

마취과에서 수련 받은 사람이 아닌 피고 병원 간호조무사로 하여금 환자에게 프로포폴을 투여하게 하였다. 이는 무면허 의료행위에 해당하고, 프로포폴을 투여하는 과정에서 발생할 수 있는 호흡기나 심장 등 심폐기능 이상 증세를 조기에 발견하고 대처하기 위함이다. 환자의 호흡수, 맥박수, 혈압 등 활력징후를 면밀히 관찰하여야 함에도 이를 감시할 수 있는 필수적인 장비를 갖추지 않았고, 수면내시경검사 과정에서 환자의 의식 및 호흡상태 등을 지속적으로 관찰하지 않았다.

(2) 법원 판단

프로포폴의 경우 마취과 전문의가 아니더라도 수면내시경검사 등을 실시하는 의사들에 의해 널리 사용되는 마취제이다. 정맥주사는 원칙적으로 의사가 직접 주입하도록 되어 있으나 대학병원에서도 일반적으로 의사의 지시·감독 하에 간호사가 마취제를 투약하는 것이 일반적이므로, 의사가 지켜보는 가운데 간호조무사가 프로포폴을 투약한 것은 과실이 있다하기 어렵다.

그러나 ① 프로포폴에 의한 수면마취를 실시하는 경우에는 시술이나 수술에 참여하지 않은 독립된 의료진에 의해 수면마취의 깊이와 환자의 산소포화도, 혈압, 맥박, 호흡 등이 지속적으로 감시되어야 한다. 아울러 자발호흡이 불가능한 전신마취 상태로의 전환이나 심각한 심혈관계 부작용의 발생에 대비하여 감시장비, 처치약제, 의료기구 등이 완비되어 있어야 하는 점, ② 프로포폴 투여 시작시간이나 총 투여시간, 마취 전 및 마취 당시의 망인의 혈압, 호흡, 맥박 등의 활력징후 등이 제대로 기재되어 있지 않은 점, ③ 수면내시경검사를 받기 전 환자의 맥박과 산소포화도를 측정한 이후 망인의 산소포화도가 44%까지 급격하게 저하될 때까지 망인의 혈압, 맥박, 호흡 및 산소포화도의 감시를 하지 않은 점, ④ 검사 전 건강 상 이상이 없었던 점을 보아 경과관찰 상의 과실과 원고의 사망 사이 상당인과관계가 인정된다.

나. 응급처치를 소홀히 하고, 전원조치를 지연한 과실이 있는지 여부: 법원 인정

(1) 원고 주장

마취 및 내시경검사 과정에서 환자의 호흡이 불규칙하고 산소포화도가 저하되는 등 불안정한 활력징후가 나타났다면, 즉시 환자의 활력징후를 정확히 확인하고 기도확보, 인공호흡, 산소공급, 제세동 등 심폐소생을 위한 처치 등을 신속하게 시행했어야 한다. 앰부백을 다른 곳에서 가져오고, 기관삽관도 시행하지 않는 등 응급처치를 소홀히 하였고, 신속하게 상급병원으로 전원시켜야 할 의무가 있음에도 환자에게 이상증상이 발생한 후 35분이 지난 후에야 A병원으로 이송하였다.

(2) 법원 판단

환자에게 프로포폴의 부작용으로 나타날 수 있는 호흡부전 등의 증상이 나타났으므로 신속하게 기관삽관 및 앰부배깅을 실시하여 충분한 산소를 공급하는 등 적절한 조치를 했어야 한다. 그러나 이에 소홀히 하였고, 응급처치상 과실이 환자의 상태 악화에 기여함으로써 환자로 하여금 사망하게 하였다.

다. 설명의무 위반 여부: 법원 불인정

(1) 원고 주장

수면내시경검사를 시행하기 앞서 마취의 필요성, 마취를 시행하지 않는 형태의 내시경검사방법, 마취 약물의 부작용 등에 대하여 충분히 설명하지 않았다.

(2) 법원 판단

2010년 12월경 피고 병원에서 내시경검사를 받은 경험이 있는 사실, 피고 병원 의료진은 환자에게 일반내시경검사 및 수면내시경검사로 인한 부작용 등에 대해 설명하고, 이러한 내용이 기재된 검사동의서에 환자로부터 자필서명을 받은 사실을 인정할 수 있다. 의료진이 설명의무를 위반하였다는 점을 인정할 증거가 없다.

3. 손해배상범위 및 책임 제한

가. 피고의 손해배상책임 범위: 60% 제한

나. 제한 이유

(1) 정상적인 치료라 하더라도 프로포폴의 불가피한 부작용으로 저산소증이 발생할 수 있는 점

(2) 프로포폴은 수면내시경검사에 빈번하게 사용되는 점

(3) 망인의 연령, 병력 등에 비추어 갑작스런 호흡곤란 등의 증상이 나타날 것을 쉽사리 예측하기는 어려웠을 것으로 보이는 점

(4) 피고 병원 의료진도 망인에게 호흡부전 등의 증상이 발생하자 심폐소생술을 하는 등의 응급처치를 시도하였고, 피고 병원 구급차를 이용해 원고를 상급병원으로 전원할 당시에도 함께 동승하여 망인의 상태를 살피는 등 나름대로 최선의 조치를 하려고 노력한 것

다. 손해배상책임의 범위

(1) 청구금액: 241,226,099원

(2) 인용금액: 151,735,660원

   ① 재산상 손해: 96,735,660원{(일실수입＋장례비)×60%}

     － 일실수입: 156,226,101원

     － 장례비: 5,000,000원

   ② 위 자 료: 55,000,000원

   ③ 승계참가비: 5,487,530원

4. 사건 원인 분석

환자는 건강검진 및 수면내시경검사를 받기 위해 내원하였으며, 3년 전 피고 병원에서 내시경검사를 시행하여 위염 진단을 받은 기왕력이 있었을 뿐 그 외에 특별한 이상소견은 없었다. 피고의 지시를 받은 간호조무사가 환자에게 프로포폴 12ml를 정맥주사하였고, 검사 중 추가로 2ml 투여하였다. 검사 종료 후 갑자기 환자가 기침을 하였고, 산소포화도가 44%로 급격히 저하되어 심폐소생술을 시행하고 수액 및 에피네프린을 투약하며 A병원으로 이송하였다. A병원에서 응급처치를 하고 B병원으로 전원되었으나 8일 정도 치료를 받다가 저산소성 뇌손상(중간선행사인: 심폐정지)으로 사망하였다. 이 사건과 관련된 문제점 및 원인을 분석해본 결과는 다음과 같다.

첫째, 검사 종료 후 산소포화도 측정 모니터 적용을 바로 중단했을 것으로 추정된다. 환자에게 이상증상이 발생하였을 때 측정한 산소포화도가 44%였다. 그 전에 산소포화도의 저하를 인지하였더라면 응급상황을 사전에 예방할 수 있었을 것이다.

둘째, 피고 병원에는 앰부백이 구비되어 있었음에도 적절한 위치에 비치하지 않아 응급상황에서 적절하게 사용하지 못하였다. 간호사들이 1, 2층을 이동하는 사이 시간이 지체되었다.

셋째, 응급처치 및 전원조치가 부적절하였다. 마취 및 내시경검사 과정에서 환자의 호흡이 불규칙하고 산소포화도가 저하되는 등 불안정한 활력징후가 나타났다면, 즉시 환자의 활력징후를 정확히 확인하고 기도확보, 인공호흡, 산소공급, 제세동 등 심폐소생을 위한 처치 등을 신속하게 시행했어야 한다. 그리고 신속하게 상급병원으로 전원 시켜야 함에도 환자에게 이상증상이 발생한 후 35분이 지난 후에야 A병원으로 이송하였다(〈표 3〉 참조).

〈표 3〉 원인분석

분석의 수준	질문	조사결과
왜 일어났는가? (사건이 일어났을 때의 과정 또는 활동)	전체 과정에서 그 단계는 무엇인가?	– 마취 종료 후 단계
가장 근접한 요인은 무엇이었는가? (인적 요인, 시스템 요인)	어떤 인적 요인이 결과에 관련 있는가?	• 의료인 측 – 마취 종료 후 산소포화도 측정하지 않았을 것으로 추정됨 – 약물 투여 과정에서 활력징후 감시 등 경과관찰 소홀 – 응급처치 소홀 및 전원조치 지연
	시스템은 어떻게 결과에 영향을 끼쳤는가?	• 의료기관 내 – 응급장비에 대한 관리 미흡

5. 재발방지 대책

〈그림 3〉 판례 3 원인별 재발방지 사항

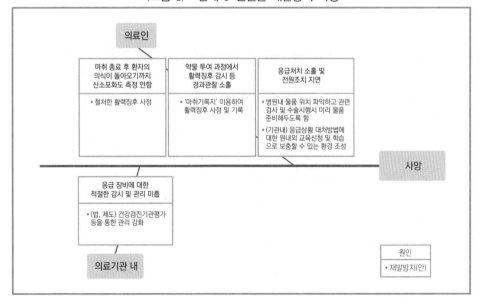

원인별 재발방지 대책은 〈그림 3〉과 같으며, 각 주체별 재발방지 대책은 아래와 같습니다.

(1) 의료인의 행위에 대한 검토사항

(가) 철저한 환자상태 관찰

'마취기록지' 등을 이용하여 마취 시 활력징후 사정 및 기록을 잊지 않도록 하며, 환자의 의식이 회복될 때까지 활력징후 측정을 철저히 시행하도록 한다.

(나) 검사 및 수술 시행 전 물품 준비

의료인은 병원 내 물품의 위치를 파악하고, 관련 검사 및 수술 시행 전 미리 물품을 준비해 두어야 한다. 모든 진정 내시경을 시행하는 의료기관에서는 응급 처치를 위한 물품이나 기구의 보관이 필수적이며 해당 사항들이 제대로 이루어지고 있는지 여부에 대한 모니터링이 필요하다.

(2) 의료기관 운영체제에 대한 검토사항

응급상황 대처방법에 대해 원내외 교육신청 및 학습으로 보충할 수 있는 환경을 조성한다. 의원급 의료기관의 경우 학회나 지역 의사회 등을 통해 교육이 이루어질 수 있도록 한다.

(3) 법·제도적 차원의 검토사항

건강검진기관평가 등을 통해 내시경 시행기관의 철저한 평가 및 지속적인 관리가 이루어져야 한다.

┃참고자료┃ 사건과 관련된 의학적 소견[4]

  프로포폴(propofol)은 현재 전세계적으로 가장 많이 쓰이는 정맥마취제로서, 진정 후 회복
이 빠르고 부작용이 적어 외래 환자의 수술과 내시경검사 등 간단한 시술에서 진정이 필요할
때 많이 사용되고 있다. 속효성 제제의 특성상 사망에 이르게 되는 확률은 비교적 낮으나, 호
흡억제 등의 부작용을 발생시켜 사망의 원인으로 작용할 수도 있다고 받아들여지고 있다. 건강
한 성인에 대한 마취유도 용량은 1.5~2.5mg/kg이다. 프로포폴은 호흡억제 작용과 심혈관억제
작용 등의 부작용이 있으므로, 숙련된 기도 관리가 가능한 사람에 의해서만 투여될 수 있고,
프로포폴 투여 시 산소포화도, 혈압, 심전도 등 환자 상태의 지속적인 관찰이 필요하며, 환자의
기도유지를 위한 장치, 인공호흡, 산소공급을 위한 시설과 즉각적인 심혈관계 소생술의 실시가
가능한 시설이 준비되어야 한다.
  한편 프로포폴 투여 후 호흡곤란, 무호흡 발생 시 산소포화도를 확인하고 심전도와 환자 상
태를 확인하면서 기도가 잘 유지되어 있는지를 확인한다. 기도가 잘 유지되어 있지 않으면 흡
인(suction)으로 이물을 제거하거나 기도유지 도구(airway 등)를 이용하여 기도를 유지시킨다.
기도가 잘 유지되나 자발 호흡이 감소되어 있는 경우에는 앰부배깅(ambu bagging)을 하여 호
흡을 유지시키고 산소 공급을 하면서 다른 원인이 있는 것은 아닌지 호전은 가능한 상태인지를
확인한다. 환자 상태가 단기간에 호전되지 않을 것으로 생각되면 기관삽관 도구를 이용하여 기
관삽관을 시행하여 기도를 확보하고 기계호흡이 필요한 상황인지 확인하면서 앰부배깅으로 호
흡을 유지시킨다.

---

4) 해당 내용은 판결문에 수록된 내용임.

판례 4. 수면내시경검사를 위한 프로포폴 투여 후 경과관찰 소홀 및 응급처치 미흡, 전원 지체로 인하여 환자가 사망한 사건_서울중앙지방법원 2015. 7. 21. 선고 2014가합504606 판결

건강검진 및 수면내시경검사를 위해 내원한 40세의 남성 환자는 처음 투여한 프로포폴로 수면유도가 되지 않아 추가로 프로포폴을 투여하였다. 환자는 수면상태에 들어갔으나 이상 증상이 발생하여 응급처치를 실시하고 타병원으로 이송하였으나 사망하였다[서울중앙지방법원 2015. 7. 21. 선고 2014가합504606 판결]. 이 사건의 자세한 경과는 다음과 같다.

1. 사건의 개요

날짜	시간	사건 개요
2013. 12. 17	09:08	• 건강검진 및 수면내시경검사 위해 내원(환자는 남자. 사고당시 40세)
	09:30	• 수면내시경검사 시작함
	10:00	• 간호사가 프로포폴 4cc 정맥주사로 투여 • 수면유도 되지 않아 추가로 프로포폴 4cc에 추가로 4cc 더 투여함 • 몸을 뒤틀고 힘을 쓰며 마우스피스 뱉어내려 함 • 추가로 프로포폴 3cc 투여 • 환자 수면상태 들어감
	10:10	• 심하게 코골이를 하고 '푸푸' 소리내며 수면 무호흡 증상 보임 • 산소포화도 70% • 수면내시경검사 중단하고, 산소공급함 • 산소포화도 80~95%, 맥박 110회/분
	10:15	• 산소포화도 70~80%로 저하 • 에어웨이 삽입 후 산소마스크, 앰부백으로 호흡보조 시작 • 산소포화도 90% 이상, 맥박 100회/분
	10:21	• 타병원 의사에게 도움 요청 • 요골동맥 촉진, 동공반응 정상, 맥박 110~120회/분, 산소포화도 80~95% • 호흡음, 심장박동음 청진 확인

날짜	시간	사건 개요
2013. 12. 17	10 : 30	• 기관삽관 시도하였으나 중단 • 수면마취 깰 때까지 앰부배깅 유지하며 지켜봄
	10 : 40	• 산소포화도 70~80%, 맥박 불규칙 • 에피네프린 투여
	10 : 46	• 119 신고 지시 • 에피네프린 3~4회 더 투여 후 심장마사지 시행
	10 : 47	• 119 신고
	10 : 56	• 구조대 병원 도착 • 심폐소생술 실시 • 타병원으로 이송 • 이송 중 산소 공급하고 심폐소생술 실시
	11 : 22	• 타병원 응급실 도착 • 응급처치 및 심폐소생술 시행하였으나 회복 안 됨 • 의식, 자발호흡, 혈압, 맥박 소실로 사망한 상태였음

2. 쟁점별 당사자 주장과 법원의 판단

가. 약물 투여 과정에서 활력징후 감시 등 경과관찰을 소홀히 한 과실 여부: 법원 인정

(1) 원고 주장

프로포폴을 투여하는 과정에서 발생할 수 있는 사고에 대비하기 위한 감시 인력을 배치하지 않았고, 응급처치에 필요한 기관삽관용 장비 등을 비치하지 않았다. 산소포화도 검사 및 혈압과 맥박의 주기적인 측정, 환자 상태의 지속적 관찰을 하지 않았다.

(2) 법원 판단

프로포폴은 통상적인 마취유도용량이 투여된 경우에도 저혈압, 호흡저하, 서맥 등의 부작용이 빈번하게 발생할 수 있다. 그럼에도 불구하고 수면내시경검사를 받기 전 환자의 맥박과 산소포화도를 측정한 이후 심한 코골이와 수면 무호흡 증상이 나

타날 때까지 약 10분 동안 망인의 혈압, 맥박, 호흡, 산소포화도의 감시를 하지 않았
다. 위 10분 사이에 수면유도가 잘 되지 않았고, 몸을 뒤틀고 힘을 쓰며 마우스 피스
를 뱉어내려고 하는 등의 반응을 보였음에도 의료진은 환자에게 프로포폴을 계속 투
여하여 수면에 들어가기만을 기대하였을 뿐 별다른 감시나 조치를 취하지 않았다.

즉, 피고는 수면내시경검사를 실시하기 위하여 환자에게 프로포폴을 투여하는
과정에서 활력징후나 산소포화도 변화 등 임상상태에 관한 경과관찰을 소홀히 한 과
실이 있고, 피고의 경과관찰 상의 과실과 환자의 사망 사이에 상당인과관계가 있다.

나. 응급처치를 소홀히 하고, 전원조치를 지연한 과실 여부: 법원 인정

(1) 원고 주장

마취과정에서 수면 무호흡 증상, 불안정한 활력징후가 나타났다면 즉시 활력징
후를 확인하고, 기도확보, 인공호흡, 산소공급, 제세동 등 심폐소생을 위한 처치 등을
시행하였어야 함에도 기관삽관을 하지 않는 등 응급처치를 소홀히 하였다. 이에 신속
하게 상급병원으로 전원시켜야 할 의무가 있음에도 이상증상이 발생한 후 37분이 경
과한 후에야 119에 신고를 하고 타병원으로 뒤늦게 이송시켰다.

(2) 법원 판단

환자에게 프로포폴의 부작용으로 나타날 수 있는 호흡이상 증상이 나타났으므
로 신속하게 기관삽관을 실시하여 충분한 산소를 공급하는 등 적절한 조치를 했어야
한다. 그러나 환자의 상태가 호전되길 바라면서 산소마스크와 앰부백을 이용한 호흡
보조를 하다가 뒤늦게 후두경을 이용한 기관삽관을 시도하였다. 기관삽관에 실패한
이후에도 별다른 응급조치 없이 시간을 보내다가 호흡이상 증상이 나타난 후 37분이
경과하고, 기관삽관이 실패한 시점으로부터도 17분이 경과하고서야 119에 신고를 한
과실이 있다. 위와 같은 응급처치상의 과실 및 전원조치 지연의 과실이 환자의 상태
악화에 기여함으로써 환자로 하여금 사망에 이르렀다고 볼 수 있다.

다. 설명의무 위반 여부: 법원 인정

(1) 원고 주장

수면내시경검사를 시행하기 앞서 마취의 필요성, 마취를 시행하지 않는 형태의 내시경검사방법, 마취 약물의 부작용 등에 대하여 충분히 설명하지 않았다.

(2) 법원 판단

수면내시경검사에 앞서 환자에게 프로포폴을 사용한 수면마취의 방법과 필요성 및 부작용, 마취를 시행하지 않는 형태의 내시경검사방법과 그 부작용 등에 관하여 구체적으로 설명한다. 이를 환자로 하여금 위내시경검사방법의 필요성이나 위험성을 충분히 비교해 보고 어떠한 방식으로 내시경검사를 진행할 것인지에 관하여 선택할 수 있도록 할 의무가 있다. 그러나 수검자란에 환자의 서명이 기재된 동의서만으로 구체적으로 설명하였다는 사실을 인정하기 부족하고, 증거가 없으므로 설명의무를 위반하여 환자의 자기 결정권을 침해하였다고 할 수 있다.

3. 손해배상범위 및 책임 제한

가. 피고의 손해배상책임 범위: 60% 제한

나. 제한 이유

(1) 정상적인 치료라 하더라도 프로포폴의 불가피한 부작용으로 저산소증이 발생할 수 있는 점

(2) 프로포폴은 길항제가 없기는 하나 빠른 수면효과와 환자의 높은 만족도 등을 이유로 수면내시경검사에 빈번하게 이루어지고 있는 점

(3) 환자의 연령, 병력 등에 비추어 갑작스런 호흡곤란 등의 증상이 나타날 것을 쉽사리 예측하기 어려웠을 것으로 보이는 점

(4) 환자와 같이 턱관절이 구축된 상태에서는 기관삽관에 성공하기 쉽지 않았을 것

(5) 윤상갑상연골절개술 또한 시술자의 숙련도에 따라 성공률이 달라지는 점

다. 손해배상책임의 범위

(1) 청구금액: 650,768,506원

(2) 인용금액: 308,538,274원

    ① 재산상 손해: 268,538,274원{(일실수입＋장례비＋기왕치료비)×60%}

       − 일실수입: 442,048,953원

       − 장 례 비: 5,000,000원

       − 기왕치료비: 514,840원

    ② 위자료: 40,000,000원

4. 사건 원인 분석

환자는 건강검진 및 수면내시경검사를 위해 병원에 내원하였다. 환자는 고혈압 외에 특별한 이상소견 및 기왕력은 없었다. 수면내시경을 위해 프로포폴을 4cc 투약하였으나 수면유도가 되지 않아 추가로 프로포폴 4cc를 투여하였고, 그래도 되지 않아 다시 4cc를 투여하자 환자가 몸을 뒤틀고 힘을 쓰며 마우스피스를 뱉어내려고 하였다. 간호사는 계속해서 프로포폴 3cc를 투여하였고, 환자는 수면상태에 들어갔다. 환자는 심하게 코골이를 하고 '푸푸' 소리를 내며 수면 무호흡 증상을 보였고, 산소포화도가 70%까지 내려갔다. 이에 에어웨이(air way)를 삽입하고 산소마스크와 엠부백으로 호흡보조를 시작하였다. 환자에게 기관삽관을 시도하였으나 후두가 보이지 않아 무리한 삽관 시 기도부종 등으로 상태가 악화될 수 있다고 판단하여 삽관을 중단하고, 마취가 깰 때까지 앰부배깅을 유지하며 지켜보기로 결정하였다. 이후 119에 신고하고 심폐소생술을 실시한 후 A병원으로 이송하였다. A병원 응급실 도착당시 환자는 의식 및 자발호흡이 없고, 혈압과 맥박이 전혀 측정되지 않는 이미 사망한 상태였다. 이 사건과 관련된 문제점 및 원인을 분석해본 결과는 다음과 같다.

첫째, 마취 시 활력징후나 산소포화도 감시 등 환자의 임상상태에 대한 경과관찰을 소홀히 하였다.

둘째, 프로포폴을 투여하는 과정에서 감시 인력을 배치하지 않았다.

셋째, 마취과정에서 수면 무호흡 증상, 불안정한 활력징후가 나타났다면 즉시 활력징후를 확인하고, 이상증상의 원인을 파악해야 한다. 또한 필요시 기도확보, 인공호흡, 산소공급, 제세동 등 심폐소생을 위한 처치 등을 시행하였어야 함에도 응급처치를 소홀히 하였다. 그리고 신속하게 상급병원으로 전원시켜야 함에도 이상증상이 발생한 후 37분이 경과한 후에야 119에 신고를 하고 타병원으로 뒤늦게 이송시켰다(〈표 4〉 참조).

〈표 4〉 원인분석

분석의 수준	질문	조사결과
왜 일어났는가? (사건이 일어났을 때의 과정 또는 활동)	전체 과정에서 그 단계는 무엇인가?	-마취 중 단계 -마취 후 단계

가장 근접한 요인은
무엇이었는가?
(인적 요인, 시스템
요인)
	어떤 인적 요인이
	결과에 관련
	있는가?
		• 의료인 측
		-마취 시 활력징후나 산소포화도 변화 등 임상상태
		  에 관한 경과관찰 소홀
		-응급처치 소홀 및 전원조치 지연
		-10 : 10경 산소포화도가 70%까지 떨어질 때까지
		  상황 지체함(수면 무호흡 증상 보이자 산소포화도
		  측정하였을 것으로 추정됨)

	시스템은 어떻게 결과에 영향을 끼쳤는가?	• 의료기관 내 -응급상황 대비한 적정인력 부족

5. 재발방지 대책

〈그림 4〉　판례 4 원인별 재발방지 사항

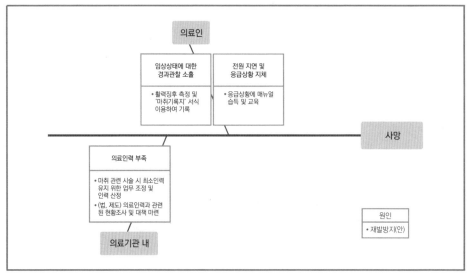

원인별 재발방지 대책은 〈그림 4〉와 같으며, 각 주체별 재발방지 대책은 아래와 같습니다.

(1) 의료인의 행위에 대한 검토사항

(가) 마취기록지 서식을 이용한 세심한 환자 경과관찰

시술 전·중·후의 의무기록 작성은 필수 사항이며, 마취기록지 서식 등을 이용하여 철저한 경과관찰 및 해당 내용을 작성하도록 한다.

(나) 마취 관련 학회·교육 참석 및 의료진간 정보 공유

마취 도중 발생할 수 있는 응급상황을 대비하여 국내외 관련된 학회 및 교육에 참석할 수 있도록 한다. 습득한 정보에 대해서는 다른 의료진과 공유할 수 있도록 합니다. 이에 더불어 술기기술을 향상시켜 상급병원에 전원하기 전 최선의 의학적 행위를 할 수 있도록 한다.

(2) 의료기관 운영체제에 대한 검토사항

마취 관련 시술시 응급상황에 대비하여 적정한 인력을 배치할 수 있도록 업무

조정 및 인력을 산정하도록 한다.

(3) 국가 및 지방자치단체 차원의 검토사항

보건의료기관에 종사하고 있는 보건의료인력의 현황 조사를 실시하여 정확한 실태를 파악하여야 한다. 또한 의료인력이 부족한 원인을 정확하게 분석하여 원인별 대책을 마련하여야 한다.

┃ 참고자료 ┃   사건과 관련된 의학적 소견5)

1. 프로포폴

가. 프로포폴은 현재 전세계적으로 가장 많이 쓰이는 정맥마취제로서, 진정 후 회복이 빠르고 부작용이 적어 외래 환자의 수술과 내시경검사 등 간단한 시술에서 진정이 필요할 때 많이 사용되고 있다. 속효성 제제의 특성상 사망에 이르게 되는 확률은 비교적 낮으나, 호흡억제 등의 부작용을 발생시켜 사망의 원인으로 작용할 수도 있다고 받아들여지고 있다. 건강한 성인에 대한 적정 마취유도 용량은 1.5~2.5mg/kg이다. 프로포폴은 호흡억제 작용과 심혈관억제 작용 등의 부작용이 있으므로, 숙련된 기도 관리가 가능한 사람에 의해서만 투여될 수 있고, 프로포폴 투여시 산소포화도, 혈압, 심전도 등 환자 상태의 지속적인 관찰이 필요하며, 환자의 기도유지를 위한 장치, 인공호흡, 산소공급을 위한 시설과 즉각적인 심혈관계 소생술의 실시가 가능한 시설이 준비되어야 한다.

나. 프로포폴은 기도반사억제제, 기도폐쇄, 호흡억제제, 저혈압, 서맥 등의 부작용이 발생할 위험성이 있는 마취약제로서, 프로포폴을 사용하여 환자를 마취하는 의사는 약물 투여 후 작용이 지속되는 동안 환자의 혈압, 맥박, 호흡, 산소포화도 등을 면밀히 관찰하여야 한다(프로포폴의 경우 통상적인 마취유도용량이 투여된 환자의 25~30%에서 무호흡이 나타나고, 마취유도 동안 혈압이 감소되는데, 심혈관질환의 유무에 관계없이 2~2.5mg/kg의 유도용량에서 혈압이 25~40% 감소한다).

다. 프로포폴로 유도되는 수면마취 상태는 전신마취 상태와 명확히 구별되는 것이 아니라 시술 중 투여되는 용량에 따라 "얕은 진정상태 → 중증도의 진정 상태 → 깊은 진정 상태 → 전신마취 상태"의 연속선상에서 그 마취의 정도가 수시로 변하게 되므로, 프로포폴에 의한 수면마취를 실시하는 경우에는 시술이나 수술에 참여하지 않은 독립된 의료진에 의해 수면마취의 깊이와 환자의 산소포화도, 혈압, 맥박, 호흡 등이 지속적으로 감시되어야 하고, 아울러 자발호흡이 불가능한 전신마취 상태로의 전환이나 심각한 심혈관계 부작용의 발생에 대비하여 감시장비, 처치 약제, 의료기구 등이 완비되어 있어야 한다.

---

5) 해당 내용은 판결문에 수록된 내용임.

판례 5. 종아리근육 퇴축술을 위한 프로포폴 투여 중 환자상태 관찰 소홀로 인한 환자 사망 사건_서울중앙지방법원 2015. 5. 13. 선고 2013가합542410 판결

환자는 종아리근육 퇴축술을 위해 내원하였고, 프로포폴을 투여하고 수술을 진행하던 중 이상증상이 발생하여 응급처치 후 타병원으로 이송되었다. 검사결과 전반적인 중증뇌손상이 발견되었고 치료 중 결국 사망하였다[서울중앙지방법원 2015. 5. 13. 선고 2013가합542410 판결]. 이 사건의 자세한 경과는 다음과 같다.

1. 사건의 개요

날짜	시간	사건 개요
2013. 8. 13		• 종아리근육 퇴축술 위해 내원
	14:09	• 수술실 입실
	15:07	• 프로포폴 100mg 정맥 주입 • 프로포폴 400mg, 케타민 0.5cc 섞인 수액 40cc/hr로 투약
	15:23	• 산소포화도 측정기에서 알람 울림 • 수액 주입 중단하고 에피네프린 1cc 투약 후 앰부배깅 통해 산소 공급하며 심폐소생술 시행
	15:33	• 119 출동
	15:38	• 119 병원 도착
	15:43	• A병원으로 출발
	15:49	• A병원 응급실에 도착
	16:01	• ABGA[6] 결과 대사성 산증[7]임
2013. 8. 14		• 뇌파검사결과 전반적인 중증 뇌손상 소견
2013. 8. 27		• 신경과 협진 소견 상 뇌사 진행 중

---

6) ABGA(Arterial Blood Gas Analysis, 동맥혈가스분석검사).

7) 환자의 몸에 산과 염기를 담당하는 수소이온이 정상치보다 떨어지는 경우에 나타나는데 몸의 신진대사를 담당하는 모든 것들이 제 기능을 하지 못할 때 나타난다.

날짜	시간	사건 개요
2013. 12. 31		• B병원에서 저산소성 뇌손상이 초래한 다발성 장기부전 등을 원인으로 사망

2. 쟁점별 당사자 주장과 법원의 판단

가. 활력징후 감시 등 주의의무 위반 여부: 법원 인정

(1) 원고 주장

마취 약물 투약 과정에서 환자의 활력징후를 면밀히 관찰하지 않았다.

(2) 법원 판단

피고는 환자의 활력징후 중 혈압은 측정하지 못했던 것으로 보이고, 병원에 기관삽관 장치는 준비되어 있지 않았다. 기계가 환자의 상태를 잘못 알려줄 수도 있기 때문에 자격이 있는 사람이 수술 중 환자의 상태를 관찰하는 것이 중요한데 집도의 외에 간호조무사, 실습생 등이 산소포화도 측정기 외에 환자의 상태를 제대로 감시하고 있었는지 의문이 든다. 저산소성 뇌손상을 입게 된 환자에게 뇌손상을 초래할 만한 후천적 질환은 없었던 점을 비추어 보면 과실이 있다고 할 수 있다.

나. 응급처치 소홀 및 전원조치 지연 여부: 법원 불인정

(1) 원고 주장

수술 및 마취과정에서 호흡이 불안해지는 등 응급상황이 발생한 원고에 대하여 응급조치를 소홀히 하였을 뿐 아니라 전원조치를 지연하였다.

(2) 법원 판단

응급상황에서 피고는 수액의 주입을 중단하고 에피네프린 1cc를 투약한 후 앰부배깅을 통해 산소를 공급하면서 심폐소생술을 시행하였다. 이어서 119 구급대에 연락하여 타병원 응급실에 전원토록 하였음을 비추어 보아 전원조치를 지연하였다고 볼 수 없다.

다. 설명의무 위반 여부: 법원 인정

(1) 원고 주장

시술의 부작용 등에 대한 상세한 설명을 하지 않았다.

(2) 법원 판단

피고가 환자에게 받은 수면마취동의서에 "드물지만 불가항력적으로 야기될 수 있는 합병증, 특이체질, 우발적 사고 등 설명"이라고 기재되어 있다는 사정만으로 프로포폴을 이용한 수면마취 과정의 위험성에 관하여 충분히 설명하였다고 인정하기 부족하다.

3. 손해배상범위 및 책임 제한

가. 피고의 손해배상책임 범위: 80% 제한

나. 제한 이유

(1) 별다른 이상이 없는 신체의 근육을 퇴화시키는 이 사건 시술은 그 원리, 방법 등에 비추어 상당한 위험성이 존재하는데, 환자의 경우 그로 인한 어느 정도의 위험은 감수하고 시술받기로 결정한 것으로 봄이 상당한 점

(2) 피고는 환자에게 응급상황이 발생한 이후 심폐소생술을 시행하고 119 구급대에 연락하여 대학병원으로 전원하는 등 나름대로 최선의 조치를 하고자 노력한 점

(3) 고주파를 이용한 비복근 퇴축술에 관하여는 아직까지 일정한 표준치료지침이 마련되어 있지 않은 점

다. 손해배상책임의 범위

(1) 청구금액: 494,753,410원

(2) 인용금액: 347,342,012원

① 재산상 손해: 267,342,012원{(일실수입＋기왕치료비＋원고의 재산상 손해)×80%}

- 일실수입: 298,691,125원

　　　– 기왕치료비: 31,486,390원

　　　– 원고의 재산상 손해: 4,000,000원

　　② 위자료: 80,000,000원

4. 사건 원인 분석

　　환자는 종아리근육 퇴축술을 받기 위해 피고 병원에 내원하였다. 수술실에 입실한 후 산소포화도 측정기를 부착, 관찰하면서 수면마취 유도를 위하여 프로포폴 10cc(100mg)를 정맥에 주입하였으며, 이후 프로포폴 40cc(400mg), 케타민(ketamine) 0.5cc가 섞인 수액을 시간당 40cc로 투약하였다. 산소포화도 측정기에서 알람이 울리자 위 수액 투입 중단 후 에피네프린 1cc를 투약하고 앰부배깅을 통해 산소를 공급하면서 심폐소생술을 시행하였다. 119구급대를 통해 A병원 응급실에 도착하였다. 응급실 도착 시 환자는 신경학적 혼수상태였으며, 의료진은 흉부압박, 앰부배깅 산소 공급, 기관내삽관, 에피네프린 약물투여 등을 시행하였다. 동맥혈가스분석검사결과 대사성 산증, 뇌파검사결과 전반적인 중증 뇌손상 소견을 보였다. 신경과 협진 소견상 뇌사 진행 중이었고, 퇴원할 때까지 지속되었다. 이 후 B병원으로 전원하여 입원 치료를 지속하던 중에 피고 병원에서 발생한 저산소성 뇌손상이 초래한 다발성 장기 부전 등을 원인으로 사망하였다. 이 사건과 관련된 문제점 및 원인을 분석해본 결과는 다음과 같다.

　　첫째, 마취 중 활력징후 감시를 소홀히 하였다. 피고는 시술 당시 환자의 활력징후(맥박, 혈압, 호흡, 체온) 중 혈압은 측정하지 못하였다. 기계가 환자의 상태를 잘못 알려줄 수도 있기 때문에 자격이 있는 사람이 수술 중 환자의 상태를 관찰하는 것이 중요한데, 간호조무사나 실습생만이 산소포화도 측정기에 의존하여 감시하였을 뿐이다.

　　둘째, 병원에 기관삽관 장치가 준비되어 있지 않았다. 마취 도중 기관삽관이 필요한 응급상황은 충분히 고려될 수 있는 상황이나 의료기관에서는 그에 대한 준비를 하지 않았다.

　　셋째, 해당 의료기관에서는 마취 시 혈압, 호흡수, 체온, 산소포화도 네 가지의 활력징후 측정에 대한 기준 마련 및 준수에 대한 관리가 미흡하였을 것이라고 추론된다. 판결문 내에서는 모니터 알람이 울렸다고만 서술되어 있어 어느 포화도에서 울렸는지 알 수 없으며, 알람이 환자의 상태변화가 생긴 즉시 울린 것인지 또한 확인할 수 없었다. 측정이 누락될 수 없게 시스템적으로 대비하였더라면 의료진이 산소포화도 모니터에만 의지하지 않았을 것이다(〈표 5〉 참조).

〈표 5〉 원인분석

분석의 수준	질문	조사결과
왜 일어났는가? (사건이 일어났을 때의 과정 또는 활동)	전체 과정에서 그 단계는 무엇인가?	- 마취 중 단계
가장 근접한 요인은 무엇이었는가? (인적 요인, 시스템 요인)	어떤 인적 요인이 결과에 관련 있는가?	• 의료인 측 - 마취 중 활력징후 감시 소홀 • 의료기관 내 - 활력징후 관찰 준수를 위한 절차 미흡 - 응급상황을 대비한 응급처치 준비 미흡(병원내 장 치 없음)
	시스템은 어떻게 결과에 영향을 끼쳤는가?	

5. 재발방지 대책

〈그림 5〉 판례 5 원인별 재발방지 사항

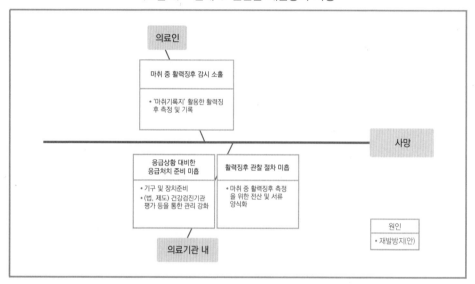

원인별 재발방지 대책은 〈그림 5〉와 같으며, 각 주체별 재발방지 대책은 아래와 같다.

(1) 의료인의 행위에 대한 검토사항

마취 시행 시 '마취기록지' 등을 활용하여 환자의 상태를 철저하게 관찰하고 기록하여야 한다.

(2) 의료기관 운영체제에 대한 검토사항

마취 유도 시 활력징후(체온, 맥박, 호흡, 혈압) 관찰의 누락이 생기지 않도록 전산 및 서류 양식을 고안하고, 관련 절차를 마련하여야 한다. 또한 발생 가능한 응급상황에 대비하여 기구 및 장치들을 준비하여야 한다.

(3) 국가 및 지방자치단체 차원의 검토사항

응급처치를 위한 기구 및 장치의 구비와 관리 등을 건강검진기관평가를 통해 평가하고 지속적으로 관리가 이루어져야 한다.

| 참고자료 | 사건과 관련된 의학적 소견8)

  1. 종아리근육 퇴축술은 미용목적으로 종아리근육을 퇴화시켜 결과적으로 종아리를 가늘어지게 하는 시술로서, 종아리 근육에는 내부의 비근과 외부의 비복근이 있는데, 운동선수나 발레리나 등을 제외한 일반인의 경우 비복근이 없더라도 일상생활에 큰 지장이 없다는 점에 착안하여 비복근을 퇴화시키는 시술법이다. 국내에서는 1960년대 강직을 치료하기 위해 재활의학과에서 신경용해술이 임상적으로 응용되어 사용된 것이 그 시초로서, 성형외과에서는 1990년대 중반부터 일반적으로 시술되기 시작하였으며, 현재 신경용해술, 신경절제술, 근육절제술 등 다양한 시술방법이 사용되고 있다. 예전에는 피부를 절개하여 비복근을 절개하는 수술적 방법이 주로 행하여졌는데, 최근에는 비복근의 신경을 차단하여 이를 퇴화시키는 비수술적 방법이 선호되고 있고, 그 방법으로서는 고농도 알코올을 이용한 신경차단술, 고주파를 이용한 신경차단술, 보툴리눔 독소를 이용한 신경차단술 등이 있다.

  2. 고주파를 이용한 신경차단술은 전기생리학적 원리를 응용한 신경차단기로 종아리의 비복근을 지배하는 운동신경을 찾아 다른 조직이나 혈관, 신경 등의 손상 없이 비복근 운동신경만 선택적으로 차단하는 방법으로서, 통상은 종아리 뒤쪽 근육에 국소마취를 한 후, 고주파용 특수바늘을 근육 속에 삽입하여 줄이고자 하는 근육에만 선택적으로 고주파 에너지를 발사하여 근육을 퇴축시키는 것인데, 이 경우 통상 리도카인 등 국소마취제를 이용한 국소마취방법이 주로 사용되어 오다가, 최근에는 환자의 고통을 덜어주기 위하여 수면마취 후 국소마취를 하는 방법이 선호되고 있으며, 이후의 시술은 ① 초음파로 비복근 운동신경의 주행경로와 위치를 파악한 다음, ② 검색탐침으로 신경의 위치를 파악하여(탐침이 비복근 신경에 닿으면 해당근육이 반복 수축한다). ③ 운동신경을 차단하는(탐침과 닿은 근육이 수축하면 탐침에서 열을 발생시켜 신경을 응고시켜 차단한다) 순으로 행해진다.

  3. 한편 시술 전에 행해지는 마취과정은, ① 케타민을 정맥주사하는 수면마취과정, ② 시술할 부위에 리도카인을 주입하는 선행 국부마취과정, ③ 케뉼라를 이용하여 리도카인을 수술부위에 투입하는 국부마취과정으로 나누어지는데, 위와 같이 케뉼라를 사용하는 이유는 바늘로 리도카인을 직접 주입할 경우 발생 가능한 리도카인의 혈관투입을 방지하기 위한 것이나, 이

---

  8) 해당 내용은 판결문에 수록된 내용임.

경우에도 케뉼라로 인한 혈관손상 등에 따른 리도카인 혈관 내 유입 등의 위험을 피하기는 어렵다.

4. 고주파를 이용한 비복근 퇴축술에 관하여는 아직까지 일정한 표준치료지침이 마련되어 있지 않은 상태이다.

판례 6. 모발이식술을 위한 프로포폴 투여 후 환자의 상태 관찰 소홀 및 응급처치 미흡으로 환자가 식물인간 상태가 된 사건_서울 중앙지방법원 2015. 7. 1. 선고 2013가합46059 판결

39세 여자환자는 모발이식술을 위해 병원에 내원하였고, 의사는 프로포폴과 미다졸람을 이용하여 마취하였다. 시술 중 청색증이 나타나고 산소포화도가 저하되어 응급처치 후 타병원으로 이송하였으나 현재 식물인간 상태이다[서울중앙지방법원 2015. 7. 1. 선고 2013가합46059 판결]. 이 사건의 자세한 경과는 다음과 같다.

1. 사건의 개요

날짜	시간	사건 개요
2013. 1. 18		• 피고 의원 내원하여 상담 받음(환자 여자. 사고 당시 39세) • 모발이식술 받기로 결정함
		• 피고 의원에 내원
	15 : 00 ~ 16 : 00	• 수술실로 입실함 • 엎드린 자세로 눕힌 다음 프로포폴 5cc와 미다졸람 1cc를 정맥주입하여 수면마취 시행 • 모발이식 공여부위인 뒷통수의 모낭, 모발 등 두피조직 절제
	16 : 05	• 혈압 110/70mmHg, 맥박 78회, 호흡 20회/분, 산소포화도 95%로 측정됨
	16 : 12	• 절제부위 지혈 및 봉합 시행 시 양손에 청색증 나타남 • 산소포화도 65%로 저하됨
	16 : 13	• 체위 변경함 • 산소마스크를 통해 5L/분의 산소 공급함 • 상태 회복되지 않음
	16 : 17	• 산소포화도 50%까지 저하됨
	16 : 19	• 119 구급대에 신고하도록 지시함 • 심폐소생술 및 기관삽관 실시
	16 : 29	• 119 구급대 피고 의원 도착 • 산소포화도 0%, 호흡과 의식 없음, 경동맥이 촉지 되지 않음

날짜	시간	사건 개요
2013. 1. 18		• 심정지 상태임
2013. 1. 28	16 : 34	• 심폐소생술 하면서 S병원으로 이송
	16 : 45	• S병원 응급실 도착
	16 : 46	• 심폐소생술 실시
		• 중환자실로 이실함
		• 인공호흡기 치료 등 응급처치 시행
		• 감별검사 및 MRI 결과를 통해 저산소성 뇌손상 발생 확인함
		• 인공호흡기 치료 및 항전간제 투여 등의 보존적 치료 지속함
2013. 2. 26		• 가족의 요청에 따라 J병원으로 전원
현 재		• 거동이나 의사소통이 전혀 불가능한 식물인간 상태임

2. 쟁점별 당사자 주장과 법원의 판단

가. 경과관찰 상 주의의무 위반 여부: 법원 인정

(1) 법원 판단

프로포폴은 기도반사억제, 기도폐쇄, 호흡억제, 저혈압, 서맥 등의 부작용이 발생할 위험성이 있는 마취약제로 이를 사용하여 환자를 마취하는 의사는 약물 투여 후 작용이 지속되는 동안 환자의 활력징후를 면밀히 관찰하여야 한다. 또한 프로포폴로 유도되는 수면마취의 경우 시술이나 수술에 참여하지 않는 독립된 의료진에 의해 수면마취의 깊이와 환자의 활력징후가 지속적으로 감시되어야 한다. 더불어 전신마취 상태로의 전환이나 심혈관계 부작용에 대비하여 감시장비, 처치 약제, 의료기구 등이 완비되어 있어야 한다. 피고는 시술 과정에서 피고 의원에 구비되어 있던 2대의 산소포화도 측정기 중 부실한 감시장비를 사용하였을 뿐만 아니라 독립된 의료진으로 하여금 환자의 활력징후를 감시하도록 하지도 않음으로써 환자의 산소포화도 저하가 지속되어 청색증이 발생할 때까지도 임상상태의 변화를 전혀 인식하지 못하였다. 피고병원 간호사는 환자 수술 시 참여하였으나 피고의사의 지시의 따라 시술 기구 전달이나 지혈 등의 보조업무를 수행하였을 뿐임으로 경과관찰 상의 주의의무위반 책임을 져야한다고 볼 수 없다. 피고는 시술을 진행하는 과정에서 환자의 임상상태에 관한 경과관찰을 소홀히 함으로써 프로포폴 투약의 부작용으로 발생한 환자의 저산소증을 상당한 시간 동안 그대로 방치한 과실이 있다.

나. 응급처치 상 주의의무 위반 여부: 법원 인정

(1) 법원 판단

피고로서는 환자의 산소포화도가 65%까지 저하되고 전신에 청색증이 나타난 것을 확인한 즉시 곧바로 15L/분의 고용량의 산소를 공급하고, 심정지가 발생한 이후에는 심폐소생술과 함께 에피네프린이나 아트로핀 등의 강심제 투여 조치를 취하였어야 할 것으로 보인다. 하지만 피고는 응급상황에서 환자에게 5L/분의 산소만을 공급하는 것에 그쳤을 뿐만 아니라 환자가 심정지 상태에 처하여 S병원에 이송될 때까지도 응급약물을 투여하지 않았고, 기관삽관을 실시하였으나 술기가 미흡하여 기관삽관을 3차례나 반복 실시한 점 등에 비추어 보면, 피고는 환자의 저산소증과 심정지에 대하여 적절한 응급처치를 취하지 못한 과실이 있다.

다. 설명의무 위반 여부: 법원 인정

(1) 법원 판단

프로포폴을 사용한 수면마취의 경우 기도반사억제, 기도폐쇄, 호흡억제, 저혈압, 서맥 등의 부작용이 발생할 위험성이 있으므로, 피고로서는 모발이식술을 시행하기에 앞서서 프로포폴을 사용한 수면마취의 방법과 필요성 및 부작용, 더불어 국소마취방법에 의한 시술 가능성과 부작용 등에 관하여 구체적으로 설명함으로써 환자로 하여금 각 마취방법의 필요성이나 위험성을 충분히 비교해 보고 어떠한 방식으로 시술을 진행할 것인지 선택할 수 있도록 할 의무가 있었다. 하지만 피고가 환자에게 위와 같은 내용을 구체적으로 설명하였다는 사실을 인정하기 부족하기에 설명의무 위반으로 환자의 자기결정권을 침해하였다.

라. 간호사의 프로포폴 주사 및 경과관찰 소홀 여부: 법원 불인정

(1) 원고 주장

간호사가 피고 의사의 지시를 받아 직접 환자에게 프로포폴을 주사하고, 의사와 함께 모발이식술을 진행하면서 환자의 활력징후와 산소포화도에 대한 경과관찰을 소홀히 함으로써 환자의 저산소증을 조기에 발견하지 못한 과실이 있다.

(2) 법원 판단

간호사가 의사의 지시로 환자에게 직접 프로포폴을 주사하였다고 하더라도, 당시 프로포폴 투여방법이나 투여량 등이 부적절하였다는 점을 인정할 만한 증거가 없는 이상 간호사가 주사하였다는 사실과 의료상의 과실이 있음을 인정할 증거가 없다. 또한 간호사는 모발이식술 과정에서 의사의 지시에 따라 시술 기구 전달이나 시술부위 지혈 등의 업무를 수행하였을 뿐이므로, 시술을 집도한 의사가 환자의 활력징후나 산소포화도 등을 제대로 감시하도록 하지 않은 과실이 있음은 별론으로 하여 간호사가 경과관찰상 주의의무위반의 책임을 져야한다고 할 수는 없다.

3. 손해배상범위 및 책임 제한

가. 피고의 손해배상책임 범위: 40% 제한

나. 제한 이유

(1) 프로포폴은 임상에서 널리 사용되는 마취제로서, 환자에게 투여한 프로포폴의 용량이나 투여방법 자체에는 아무런 문제가 없었던 점

(2) 환자에게 프로포폴 투약의 부작용인 무호흡 증상이 나타난 것은 프로포폴 투여상의 과실 때문이기보다는 약물 자체의 성분과 환자의 체질적 소인이 서로 반응하였기 때문이라고 보이는 점

(3) 피고는 개인 병원을 운영하는 의사로 프로포폴 투약 부작용으로 인하여 발생한 환자의 저산소증에 대한 처치에 적지 않은 어려움이 있었을 것으로 보이는 점

(4) 피고는 환자의 저산소증과 청색증을 확인한 후 산소공급과 심폐소생술을 실시하고 119 구급대에 신고하여 대학병원으로 전원시키는 등 환자의 상태 회복을 위하여 노력한 점

다. 손해배상책임의 범위

(1) 청구금액: 2,699,651,961원

(2) 인용금액: 724,704,071원

    ① 재산상 손해: 692,704,071원{(일실수입＋기왕 치료비＋향후 치료비＋기왕 개호비＋향후 개호비＋기왕 보조구비＋향후 보조구비)×40%}

        - 일실수입: 1,114,562,798원

        - 기왕 치료비: 48,272,433원

        - 향후 치료비: 271,443,600원

        - 기왕 개호비: 41,948,133원

        - 향후 개호비: 233,087,595원

        - 기왕 보조구비: 1,816,130원

        - 향후 보조구비: 20,629,490원

    ② 위자료: 32,000,000원

4. 사건 원인 분석

이 사건에서 환자는 피고 의원에 내원하여 모발이식술을 받기로 하였다. 모발이식술을 시행 받을 당시 환자는 엎드려 눕힌 상태로 피고로부터 프로포폴 5cc와 미다졸람 1cc를 정맥주입하는 수면마취를 받았다. 수면마취 후 모발이식 공여부인 뒷통수의 모낭, 모발 등 두피조직을 절제하였는데 절제부위의 지혈 및 봉합을 실시할 무렵 환자의 양손에서 청색증이 나타나고 산소포화도가 65%로 급격히 저하되어 환자에게 산소를 공급하였으나 상태가 회복되지 않았다. 심폐소생술 및 기관삽관을 실시하였으나 산소포화도 0%, 호흡과 의식이 없는 심정지 상태로 타 병원으로 이송되었고 감별검사 및 MRI검사 결과 환자에게 저산소성 뇌손상이 발생한 것을 확인하였다. 인공호흡기 치료 및 항전간제 투여 등의 보존적인 치료를 지속하였으나 현재 환자는 거동이나 의사소통이 전혀 불가능한 식물인간 상태이다. 이 사건과 관련된 문제점 및 원인을 분석해본 결과는 다음과 같다.

첫째, 프로포폴은 호흡억제 작용과 심혈관억제 작용 등의 부작용이 있기 때문에 세심한 관찰이 필요함에도 피고는 수면마취 하에 원고에게 모발이식술을 시행하면서 활력징후나 산소포화도 등의 경과관찰을 소홀히 하였다.

둘째, 자발호흡이 불가능한 전신마취 상태로의 전환에 대비하여 감시장비, 처치약제, 의료기구 등이 완비되어 있어야 하는데 피고 의원의 경우 환자의 손가락에서 측정기가 빠지거나 접촉 불량이 되는 경우에도 경고음이 울리지 않는 부실한 산소포화도 측정기 감시장비를 사용한 문제점이 있다.

셋째, 환자의 산소포화도가 65%까지 저하되고 전신에 청색증이 나타난 것을 확인한 즉시 곧바로 15L/분의 고용량의 산소를 공급하고, 강심제 투여 조치를 취하였어야 하는데, 피고는 5L/분의 산소만을 공급한 것에 그친 것이다. 또한 피고는 원고를 이송하기까지 기관내 삽관을 3차례 반복 실시한 사실이 있다. 프로포폴은 호흡억제 작용 등의 부작용이 있기 때문에 숙련된 기도관리가 필요함에도 피고 의사는 환자 기도관리 및 대처가 미흡하였다(〈표 6〉 참조).

〈표 6〉 원인분석

분석의 수준	질문	조사결과
왜 일어났는가? (사건이 일어났을 때의 과정 또는 활동)	전체 과정에서 그 단계는 무엇인가?	− 마취 및 시술 단계 − 응급 처치 단계
가장 근접한 요인은 무엇이었는가? (인적 요인, 시스템 요인)	어떤 인적 요인이 결과에 관련 있는가?	• 의료인 측 − 수면마취시 환자의 활력징후에 대한 세심한 관찰을 하지 않음 − 저산소증이 발생한 환자에게 기관삽관을 여러 차례 실시하는 등 응급 술기가 미숙함
	시스템은 어떻게 결과에 영향을 끼쳤는가?	• 의료기관 내 − 부실한 산소포화도 측정 장비 사용

5. 재발방지 대책

〈그림 6〉 판례 6 원인별 재발방지 사항

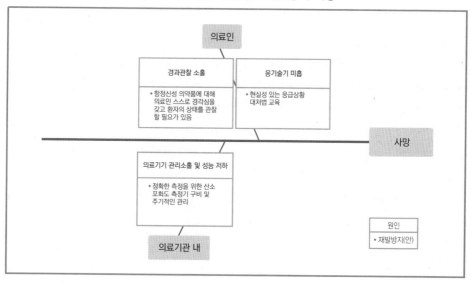

원인별 재발방지 대책은 〈그림 6〉과 같으며, 각 주체별 재발방지 대책은 아래와
같다.

(1) 의료인의 행위에 대한 검토사항

호흡억제 등의 부작용을 일으킬 수 있는 프로포폴과 같은 약물을 사용하여 수면
마취를 시행하는 경우, 환자 시술 단계에서 더욱 세심한 경과 관찰이 필요함을 의료
인 스스로 인식하며 주의하는 것이 필요하다. 더불어 의료인은 응급상황 대처와 관련
된 교육에 참여하여 역량을 강화할 필요가 있다.

(2) 의료기관의 운영체제에 관한 검토사항

의료기관 운영 측면에서는 특히 마취를 통한 시술을 실시하는 기관으로서 산소
포화도 측정기 및 전신마취 상태로의 전환 시 필요한 환자 감시 장비, 약제, 의료기
구를 의료기관 스스로 구비하고 관리하는 것이 필요하다.

┃참고자료┃ 사건과 관련된 의학적 소견9)

1. 수면마취(MAC, Monitored Anesthesia Care)

　수면마취는 비교적 간단한 수술의 시행을 위한 마취방법으로, 본래적 의미의 전신마취와 달리 근이완제 사용이나 기도내삽관 등을 하지 않고 환자가 자발적인 호흡을 유지하는 상태에서 최면 밑 용량(subanesthetic dose, 최면용량 이하의 소량)의 정맥마취제(수면제, 진정제, 진통제 등)를 사용하여 환자의 진정, 불안해소, 기억상실과 편안함을 가져오는 마취방법이다. 최적의 수면마취는 수술 중에는 호흡억제, 혈압하강, 오심, 구토와 같은 부작용을 일으키지 않고 적절한 진정상태를 유지하다가 수술 종료 후에는 의식이 빨리 돌아올 수 있도록 하는 것으로서, 이를 위해서는 약제의 용량을 적절하게 조절하여야 하고, 환자상태에 대한 지속적인 감시가 필요합니다. 수면마취도 넓은 의미에서는 전신마취의 한 방법이다.

2. 프로포폴(Propofol)

　프로포폴은 신경전달물질 수용체에 작용하여 진정 및 최면 효과를 내는 약물이다. 작용 발현 시간 및 작용 지속 시간이 짧고 예측 가능하며, 대사율이 매우 빠르고 축적 효과가 별로 없어 마취 유도 및 유지, 진정의 목적으로 많이 사용됩니다. 건강한 성인에 대한 적정 마취유도 용량은 1.5~2.5mg/kg이다. 프로포폴은 호흡억제 작용과 심혈관억제 작용 등의 부작용이 있으므로, 숙련된 기도 관리가 가능한 사람에 의해서만 투여될 수 있다. 일반적인 안전 투여 용량에서 부작용이 발생하는 경우는 드물지만, 비만, 상기폐쇄 성향이 있는 환자, 다른 진정제를 함께 투여 받은 환자, 노인 환자 등의 경우 호흡곤란 현상이 나타날 수 있다. 위와 같이 환자마다 반응 양상이 다를 수 있으므로 프로포폴의 사용 시 산소포화도, 혈압, 심전도 등 환자 상태의 지속적인 관찰이 반드시 필요하다.

3. 저산소증과 저산소성 뇌손상(Hypoxic Brain Damage)

　저산소증은 호흡기능의 장애로 숨쉬기가 곤란하여 체내 산소분압이 떨어진 상태로 동맥혈가스분석검사(ABGA)를 실시하였을 때 산소분압이 60mmHg 미만이거나 산소포화도가 90% 미만일 경우를 의미한다. 저산소증은 특히 중추신경계 영역의 변화를 일으키는바, 급성 저산소증의 경우 급성 알코올 중독과 비슷한 판단력 장애, 운동실조 등의 증상을 유발할 수 있고, 폐

---

9) 해당 내용은 판결문에 수록된 내용임.

부종이나 뇌 부종을 초래하기도 하며, 저산소증이 심해지면 결국 호흡곤란에 의해 사망하게 된다. 저산소성 뇌손상이란 저산소에 따른 뇌장애 증후군으로서 저혈압이나 호흡부전으로 인한 뇌의 산소 결핍으로 발생하는데, 그 구체적인 원인으로는 심근 경색증, 심정지와 순환기의 허탈을 동반한 출혈, 쇼크, 질식 등이 있다.

판례 7. 수면내시경검사를 위한 프로포폴 투여 후 경과관찰 소홀로 인한 환자 사망 사건_인천지방법원 부천지원 2015. 2. 12. 선고 2013가합4905 판결

위내시경검사를 위해 내원한 49세 남성 환자에게 수면유도를 위해 프로포폴을 투여하였으나 수면상태로 들어가지 않자 추가로 투여하였다. 검사 도중 환자가 호흡과 관련하여 이상증세를 보였고 산소 투여 후 정상으로 돌아오자 검사를 마쳤다. 이후 의사는 산소투여장치를 제거하라고 간호조무사에게 지시한 후 진찰실로 가 다른 업무를 시행한 후 검사실로 다시 돌아왔고, 환자의 무호흡 및 청색증을 인지하여 응급조치 후 전원을 시행하였으나 사망하였다[인천지방법원 부천지원 2015. 2. 12. 선고 2013가합4905 판결]. 이 사건의 자세한 경과는 다음과 같다.

1. 사건의 개요

날짜	시간	사건 개요
2012. 4. 11		• 위내시경검사 위해 피고 병원 종합검진센터 내시경검사실 내원(환자 남자. 사고 당시 만 49세) • 심전도 검사 상 큰 문제가 없다고 판단되어 수면위내시경검사 시행 결정함
		• 프로포폴 130mg 투여 후 50mg 추가 투여함(총 180mg) • 수면 상태에 들어가자 손가락에 산소포화도 측정 장치를 부착함 • 위에 내시경 삽입
	10 : 38	• 수면위내시경검사 시작
		• 검사 도중 숨이 찬 것처럼 숨을 몰아쉬는 등 불규칙한 호흡 보임 • 비강을 통해 5L/분 산소 투여 • 호흡 되찾게 되자 정상적으로 검사 시행
	10 : 43	• 검사 종료함 • 간호조무사에게 검사 사진 저장 및 산소 투여 장치 제거 지시함 • 피고는 내시경실에서 진찰실로 이동 • 먼저 시행한 환자들의 영상 사진을 보면서 소견을 기재하는 작업을 시행한 후 내시경실로 돌아옴

날짜	시간	사건 개요
2012. 4. 11		• 다른 환자의 경우 의식이 돌아올 시간임에도 환자는 아무런 움직임 보이지 않음 • 상태 점검 결과 호흡과 맥박이 잡히지 않고 입술에 청색증 발생한 사실 인지함 • 심장마사지, 앰부배깅실시 • 호흡 및 순환 회복됨
2012. 4. 26	17 : 48	• 전원 치료 중이던 중환자실에서 저산소성 뇌병증에 기인한 다발성 장기부전, 심폐정지로 사망

2. 쟁점별 당사자 주장과 법원의 판단

가. 경과관찰 주의의무 위반 과실: 법원 인정

(1) 피고 주장

피고들은, 피고가 위내시경검사 도중과 검사 종료 후를 비롯하여 환자가 심폐정지 상태에 이를 때까지 지속적으로 경과관찰을 하여 맥박산소계측기 상의 산소포화도가 100% 상태였음을 확인하였으므로 환자가 무호흡 상태에 빠질 것을 예상할 수 없었고, 환자의 사망은 질병 등 체질적 소인에 기한 것이라고 주장한다.

(2) 법원 판단

환자는 고도비만 환자로서 프로포폴을 사용한 수면마취 시 폐쇄성 수면무호흡증이 발생할 확률이 정상인에 비하여 더 높았을 뿐 아니라 고혈압, 뇌혈관계질환을 앓은 병력까지 있었다. 프로포폴은 체중에 비례하여 사용량이 높아지는 약재로 환자의 경우 정상 체중 환자보다 과다한 용량의 프로포폴이 투여되어 부작용 발생 가능성이 더 높아지게 된 사실이 있다. 또한, 비만 환자의 경우 호흡이 정지되는 비상 상황이 발생할 경우 정상인에 비하여 뇌손상이 빨리 발생하므로 보다 더 신중한 기도 관리가 요구된다. 더구나 환자는 위내시경검사 도중에 비정상적인 호흡을 보여 비강을 통한 산소 투입까지 이루어지는 등 이미 일부 위험 요소가 발현된 점을 보면, 담당 의사인 피고로서는 당시 상황이 무호흡증이 발생할 여러 위험 요소가 경합된 상황임을 인지하여 위내시경검사가 종료된 후라고 하더라도 적극적으로 기도 관리를 하면서 깨어날 때까지 경과를 면밀히 관찰할 주의의무가 있었다. 그럼에도 불구하고 피고는 내시경검사가 종료되자마자 산소 공급을 중단하고 현장을 이탈하여 환자에 대한 관찰을 게을리 한 과실이 있다. 이로 인해 환자는 프로포폴 사용에 따른 부작용인 무호흡증이 발생하여 비가역적 뇌손상이 초래될 때까지 방치되었다. 또한 환자에게 청색증이 나타났다는 점에서 당시 산소포화도는 80% 또는 그 이하였던 것 보이고, 따라서 피고가 주장한 지속적으로 경과관찰을 하였다는 점과 산소포화도가 시종일관 100%였다는 점은 인정할 수 없다.

3. 손해배상범위 및 책임 제한

가. 피고의 손해배상책임 범위: 50% 제한

나. 제한 이유

(1) 프로포폴은 임상에서 널리 사용되는 전신마취제이고 피고가 망인에게 투여한 양은 일반적으로는 안정용량의 범위 내에 있는 사실

(2) 고도비만 환자라고 하여 프로포폴의 사용이나 수면마취 자체가 금지된다고 볼 근거는 없으며, 대부분의 고도비만 환자에게 이 사건과 같은 무호흡 등의 부작용이 발생하는 것은 아닌 사실

(3) 망인의 사전 심전도 검사 결과가 정상이고, 위내시경검사 자체는 큰 위급상황 없이 종료된 사실과 피고들의 또 다른 과실 사유(설명의무 위반, 프로포폴 과다 투약 또는 용법에 반하는 투약, 비전문의의 조치, 응급조치 지연)가 인정할 만한 증거가 없다는 점을 종합하여 볼 때, 이 사건 사망 사고 발생에는 망인의 체질적인 소인이 적지 않게 영향을 미쳤다고 보이는 점

다. 손해배상책임의 범위

(1) 청구금액: 309,857,388원
(2) 인용금액: 137,548,099원
　① 재산상 손해: 89,548,099원{(일실수입＋장례비)×50%}
　　－ 일실수입: 175,096,198원

- 장례비: 4,000,000원
② 위자료: 48,000,000원

4. 사건 원인 분석

이 사건에서 환자는 위내시경검사를 받기 위하여 피고 병원의 종합검진센터 내시경검사실에 내원하였다. 사전 검사 및 문진 결과 환자는 키 177cm, 몸무게가 125kg에 이르는 고도비만 환자로서 고혈압, 당뇨, 뇌혈관계질환의 병력이 있었으나 심전도 검사 상 큰 문제가 없다고 판단되어 수면위내시경검사를 시행하기로 하였다. 환자에게 수면을 유도하기 위하여 프로포폴 130mg을 투여하였으나 환자가 수면상태로 들어가지 않자 프로포폴 50mg을 추가로 투여하였다. 그 후 환자가 수면 상태에 들어가자 검사를 시작하였다. 검사 도중 환자가 숨이 찬 것처럼 불규칙한 호흡을 보이자 피고는 비강을 통해 5L/분의 산소를 투여하여 환자는 호흡을 되찾았고 정상적으로 검사를 마쳤다. 피고는 간호조무사에게 산소 투여 장치를 제거하라고 한 후 내시경검사실을 떠났다가 다시 돌아왔는데 환자의 호흡이 없고 맥박이 잡히지 않으며 청색증이 발생한 사실을 인지하게 되었다. 피고 병원의 의료진이 응급조치를 취하여 호흡 및 순환을 회복시켰으나 전원치료 중이던 타 병원 중환자실에서 약 15일 후 저산소성 뇌병증에 기인한 다발성 장기부전, 심폐정지로 사망하였다. 이 사건과 관련된 문제점 및 원인을 분석해 본 결과는 다음과 같다.

첫째, 환자의 기왕증 및 과거력을 통해 예측할 수 있는 상황에 대한 대비가 미흡하였다. 법원의 판단과 같이, 환자는 125kg의 고도비만 환자로 프로포폴을 사용한 수면마취 시 폐쇄성 수면무호흡증이 발생할 확률이 정상인에 비하여 더 높았을 뿐 아니라 고혈압, 뇌혈관계질환의 병력도 있으며 이미 위내시경검사 시 비정상적인 호흡을 보여 비강을 통한 산소 투입까지 이루어지는 등 일부 위험 요소가 발현되었다.

둘째, 수면내시경검사 도중 및 종료 후 의식 회복까지 환자의 상태관찰이 미흡하였다. 내시경검사 도중 및 검사 후까지 환자상태에 대한 면밀한 관찰이 필요함에도 경과 관찰을 소홀히 하였다(〈표 7〉 참조).

〈표 7〉   원인분석

분석의 수준	질문	조사결과
왜 일어났는가? (사건이 일어났을 때의 과정 또는 활동)	전체 과정에서 그 단계는 무엇인가?	−마취 단계

가장 근접한 요인은
무엇이었는가?
(인적 요인, 시스템
요인)
	어떤 인적 요인이
	결과에 관련
	있는가?
		• 환자 측
		−고위험 환자(고도비만, 고혈압, 당뇨, 뇌혈관계 질
		  환 병력)
		• 의료인 측
		−수면마취 시 환자의 활력징후에 대한 세심한 관찰
		  을 하지 않음
		−검사 종료 후 경과관찰을 소홀히 함

	시스템은 어떻게 결과에 영향을 끼쳤는가?	

5. 재발방지 대책

〈그림 7〉   판례 7 원인별 재발방지 사항

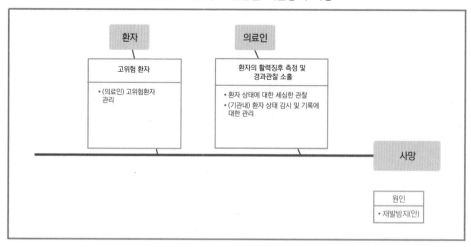

원인별 재발방지 대책은 〈그림 7〉과 같으며, 각 주체별 재발방지 대책은 아래와 같습니다.

(1) 의료인의 행위에 대한 검토사항

(가) 고위험 환자 관리

의료진은 내시경검사 전에 환자가 고혈압, 당뇨, 뇌혈관계 질환, 비만 등의 고위험 대상자인지 파악하며, 이에 대한 관리 및 진료 기록의 작성이 필요하다. 또한, 환자가 고위험 대상자일 경우 내시경검사 시 마취 약제 및 용량의 신중한 선택 및 기도 관리가 필요하며, 더불어 검사를 시행하는 도중뿐만 아니라 검사가 끝난 후에도 자리를 바로 뜨지 말고, 환자가 마취에서 깨어날 때까지 활력징후에 대해 세심하게 관찰하면서 환자의 상태를 살펴보아야 한다.

(나) 수면마취 하 시술 환자에 대한 세심한 경과 관찰

프로포폴과 같은 호흡억제 등의 부작용을 일으킬 수 있는 약물을 사용하여 수면마취를 시행하는 경우에는 환자 시술 단계에서 더욱 세심한 경과 관찰이 필요함을 의료인 스스로 인식하며 주의하는 것이 필요하다.

(3) 의료기관의 운영체제에 관한 검토사항

환자에 대한 감시는 진정내시경 시행의 가장 기본적인 항목이라고 할 수 있다. 진정내시경을 실시하는 의료기관은 진정이 시작된 시점부터 회복시점까지 환자에 대한 감시 및 기록이 철저하게 이루어질 수 있도록 모니터링을 실시해야 한다.[10]

---

10) 김현견. (2012). 제47회 대한 소화기내시경학회 세미나. 수면내시경과 감시의 질 향상.

| 참고자료 | 사건과 관련된 의학적 소견11)

1. 수면마취(MAC, Monitored Anesthesia Care)

수면마취는 비교적 소수술의 경우 시행하는 마취방법으로 본래적 의미의 전신마취와 달리 근이완제의 사용이나 기도내삽관 등을 하지 않고 환자가 자발적인 호흡을 유지하는 상태에서 최면 밑 용량(subanesthetic dose, 최면용량 이하의 소량)의 정맥마취제(수면제, 진정제, 진통제 등)를 사용하여 환자의 진정, 불안해소, 기억상실과 편안함을 가져오기 위해 사용하는 마취방법이고, 최적의 수면마취는 수술 중에는 호흡억제, 혈압하강, 오심, 구토와 같은 부작용을 일으키지 않고 적절한 진정상태를 유지하며, 수술 후에는 의식이 빨리 돌아올 수 있도록 하는 것으로 약제의 용량을 적절하게 조절하여야 한다. 이 때에도 환자상태에 대한 지속적인 감시는 필요하고, 수면마취도 넓은 의미에서는 전신마취의 한 방법이다.

2. 프로포폴(Propofol)

프로포폴은 신경전달물질 수용체에 작용하여 진정 및 최면 효과를 내는 약물이다. 작용 발현 시간 및 작용 지속 시간이 짧고 예측 가능하며, 대사율이 매우 빠르고 축적 효과가 별로 없어 마취 유도 및 유지, 진정의 목적으로 많이 사용된다. 건강한 성인에 대한 적정 마취유도 용량은 1.5~2.5mg/kg이다. 프로포폴은 호흡억제 작용과 심혈관억제 작용 등의 부작용이 있으므로, 숙련된 기도 관리가 가능한 사람에 의해서만 투여될 수 있다. 일반적인 안전 투여 용량에서 부작용이 발생하는 경우는 드물지만, 비만, 상기폐쇄 성향이 있는 환자, 다른 진정제를 함께 투여 받은 환자, 노인 환자 등의 경우 호흡곤란 현상이 나타날 수 있다. 위와 같이 환자마다 반응 양상이 다를 수 있으므로 프로포폴의 사용시 산소포화도, 혈압, 심전도 등 환자 상태의 지속적인 관찰이 반드시 필요하다.

3. 비만 환자와 폐쇄성 수면무호흡증, 뇌손상

비만은 마취와 관련하여 다양한 문제점을 내포하고 있다고 보고되고 있는데, 그 중 하나가 폐쇄성 수면무호흡증이다. 비만 환자의 대부분은 구강과 인두조직이 지방축적으로 비대해져 있기 때문에 이상생활 중에도 상기도 협착 및 호흡탄성 감소 현상이 나타나나 마취 시에는 최면 진정제 등의 작용으로 호흡근의 약화와 호흡동인이 감소하는 효과가 추가되어 폐쇄성 수면무

---

11) 해당 내용은 판결문에 수록된 내용임.

호흡증이 발생할 가능성이 높아진다. 따라서 비만 환자에 대한 마취 시에는 정상인과 비교할 때 기도 관리와 마취약제 및 용량의 선택에 보다 더 신중을 기해야 한다.

한편 보통 환자의 경우에는 심폐정지 후 5분 내에 뇌혈류가 공급되지 않으면 뇌가 비가역적 손상에 빠지지만, 비만 환자의 경우에는 위 시간이 단축되어 5분 내에 뇌혈류가 공급되더라도 뇌손상을 입게 됩니다. 왜냐하면 호흡정지 시 비만 환자의 경우 비만이 없는 환자보다 훨씬 빠른 속도로 혈중 산소포화도가 떨어질 수 있다.

4. 청색증(Cyanosis)과 산소포화도(SpO₂)

입술이나 조상 등 피부 및 점막이 암청색을 띠는 상태로서 이는 일반적으로 혈중 산소 농도의 저하 및 이산화탄소 농도의 상승을 뜻한다. 심폐질환 증세의 하나로 위독한 질환의 예후를 나타내는 중요한 지표인데 원인이 되는 병의 형태에 따라서 크게 중심성과 말초성으로 나눌 수 있다. 중심성은 동맥혈의 산소포화도의 저하로 일어나는데 그 주요원인은 심장질환이나 호흡기 질환 등을 들 수 있다. 산소포화도란 전체 혈색소 중에서 산소로 포화되어 있는 혈색소가 차지하는 비율을 말하는 것으로 비침습적인 측정방법으로는 손가락에 장치를 부착하는 맥박산소계 측기를 활용하는 방법이 있다. 정상 동맥혈 산소분압 97~100mmHg에서는 산소포화도 97~100%, 저산소증이 진행되고 있는 동맥혈 산소분압 60mmHg에서는 산소포화도 80%, 청색증일 때의 동맥혈 산소분압 45mmHg에서는 산소포화도 90%를 보이게 되어 있다. 따라서 청색증이고 맥박이 없는 상태에서 산소포화도가 100%로 체크된다는 것은 과학적으로 불가능하다.

판례 8. 수면내시경검사를 위해 마취약물을 투여받은 뒤 이상증상이 발생한 환자에게 적절한 응급처치 미실시 등으로 저산소증이 발생한 사건_대전지방법원 2015. 8. 12. 선고 2012가합 35136 판결

대장내시경검사를 위해 내원한 39세 여성 환자는 비수면상태로 내시경검사를 하던 중 통증을 호소하여 수면내시경검사로 전환하였다. 프로포폴과 미다졸람 투여 후 의식저하 및 호흡곤란 증세를 보였고, 응급조치를 시행하고 전원하였으나 현재 저산소성 뇌손상으로 사지마비 및 인지장애 상태이다[대전지방법원 2015. 8. 12. 선고 2012가합35136 판결]. 이 사건의 자세한 경과는 다음과 같다.

1. 사건의 개요

날짜	시간	사건 개요
		• H병원에서 위염 진단 및 치료 받아오던 중 대장내시경검사 권유 받음(환자 여자. 사고 당시 39세)
2011. 10. 21	10 : 00	• 대장내시경검사 위해 피고 병원 내원 • 비수면 상태로 내시경검사를 시행하다가 통증 등의 어려움 생기면 수면내시경검사로 전환할 수 있다는 설명 들음 • 문진 결과 과거 수술력 있으나 마취제 관련 이상 증상 없었다고 대답함
	10 : 30	• 피고 병원 내시경검사실에서 비수면 상태로 내시경검사 시행함 • 통증을 호소하며 하복부에 힘을 주고 다리를 움직이는 등 내시경검사를 계속 진행하기 어려워짐 • 환자 동의하에 수면내시경검사로 전환하기로 함 • 간호사에게 미다졸람 3cc(1mg/1cc)와 프로포폴 3cc(10mg/1cc) 정맥주사 하라고 함 • 갑자기 의식 저하, 호흡곤란 증세 보임 • 산소포화도 70%
		• 내시경검사 중단 • 비강 카테터로 산소 15L 공급 • 생리식염수와 에피네프린 1cc 투여

날짜	시간	사건 개요
2011. 10. 21	11 : 08	• 119 구급대 신고함 • 심폐소생술 시행 • 에프네프린 1cc씩 2~3분 간격으로 주사
	11 : 12	• 119 구급대 도착함 • 피고 의사가 기관내 삽관 시행함 • 지속적으로 심폐소생술 시행함
	11 : 33	• 상급병원으로 전원함
	11 : 40	• 상급병원 도착함 • 치료를 받아 의식과 호흡 회복함
현 재		• 저산소성 뇌손상으로 사지마비 및 인지장애 상태임

2. 쟁점별 당사자 주장과 법원의 판단

가. 간호사에게 마취제를 투여하게 한 과실 위반 여부: 법원 불인정

(1) 원고 주장

피고는 마취전문의가 아닌 피고 병원의 간호사로 하여금 환자에게 미다졸람 및 프로포폴을 투여하게 한 과실이 있다.

(2) 법원 판단

피고는 간호사에게 프로포폴의 투약과 관련한 구체적인 지시를 하였을 뿐만 아니라 프로포폴 등의 경우는 마취과 전문의가 아니더라도 수면내시경검사 등을 실시하는 의사들에 의해 널리 사용되는 마취제이며, 정맥주사는 원칙적으로 의사가 직접 주입하도록 되어 있으나 대학병원의 경우 일반적으로 의사의 지시와 감독 아래 간호사가 마취제를 투약하는 것이 일반적이다. 이를 감안하면 간호사가 프로포폴을 정맥주사 한 것은 과실이 있다고 인정하기 어렵다.

나. 마취제 투여 상 과실 위반 여부: 법원 인정

(1) 원고 주장

피고는 환자에게 미다졸람과 프로포폴을 용법에 따라 시간적인 간격을 두고 적정한 양을 투여하지 않고 한꺼번에 과다한 양을 투여한 과실이 있다.

(2) 법원 판단

피고는 간호사를 통해 환자에게 미다졸람 3mg과 프로포폴 30mg을 일시에 단회로 투여한 다음 추가로 프로포폴 20mg을 투여하였다. 미다졸람의 적정 최대 투여량은 5mg, 프로포폴의 적정 투여량은 미다졸람 전처치의 경우 0.5mg/kg(환자는 27.5mg)으로, 피고는 적정투여량을 초과한 프로포폴 50mg을 투여하였다. 더불어 미다졸람의 경우 프로포폴과 함께 투여하였으므로 2~3분 동안 서서히 주사하여야 함에도 일시에 단회로 투여한 과실이 있다.

또한, 피고와 간호사가 작성한 진료기록부나 간호기록지에는 환자에게 투여한 미다졸람과 프로포폴의 양, 투여량을 결정하는데 필요한 환자의 체중, 투여를 시작한 시간이나 총 투여시간, 마취 전 및 마취 당시의 활력징후 등이 정확히 기재되어 있지 않다. 즉 피고는 내시경검사 과정에서 환자에 대한 사전 조사나 경과관찰을 제대로 하지 않고 짧은 시간에 과량의 프로포폴을 투약한 과실이 인정된다.

다. 사후조치 상 과실 위반 여부: 법원 인정

(1) 원고 주장

환자는 미다졸람과 프로포폴 과다 투여로 인하여 급격히 산소포화도가 떨어지고 의식 저하와 호흡부전이 나타났으므로, 피고는 곧바로 기도 확보를 위해 기관내 삽관을 시행하여 산소를 공급해야 함에도 비강 카테터로만 산소를 공급하고 심폐소생술만 시행하였다. 이 후 119 구급대가 온 이후에야 기관내 삽관을 하여 산소 공급이 늦어져 결국 저산소성 뇌손상의 장애를 입게 한 과실이 있다.

(2) 피고 주장

환자는 내시경검사 이전에는 특별한 건강상의 이상이나 약물에 대한 과민반응이 없었는데, 내시경 시 프로포폴을 추가 투여한 직후 산소포화도 떨어지긴 하였으나 산소를 주입하자 산소포화도가 95~100% 정도로 회복되었고, 혈압만 80mmHg으로 떨어진 상태였으므로 피고는 마취제에 대한 과민성 쇼크로 인한 아나필락시스 증상 이라고 주장한다.

더불어, 비강 카테터를 통한 산소 공급으로 환자의 산소포화도가 95~100%로 회복되고 자발적 호흡도 가능한 상태가 되었는데 오히려 혈압이 저하되어 심실세동 이나 심정지의 위험성이 있어 심폐소생술을 지속하면서 타 병원으로 전원하였으므로 환자에 대한 응급조치를 다하였다고 한다.

(3) 법원 판단

환자는 내시경검사 이전에 특별한 건강상의 이상이나 약물에 대한 과민반응이 없었는데, 내시경검사 과정에서 프로포폴을 과량 투여 받은 직후부터 산소포화도가 급격히 떨어지고 의식 저하 및 호흡부전이 나타난 것으로 프로포폴의 과량 투여로 인한 호흡부전으로 봄이 타당하다. 피고가 주장하는 아나필락시스는 보통 소량의 약 물에 노출되자마자 즉각 쇼크 반응이 오기 때문에 미다졸람과 프로포폴을 투여한 이 후 움직임이 있다고 하여 프로포폴을 추가로 투여할 수는 없다. 또한, 법원의 진료기 록감정촉탁과 사실조회에서도 '일반적으로 아나필락시스는 대부분 피부가 부어오르 거나 혈관 부종 등의 급작스러운 피부반응과 호흡기의 증상을 동반하고, 심혈관계 증 상만이 나타나는 경우는 매우 희박하므로 환자의 증상을 아나필락시스로 의심할 만 한 소견으로 보기 어렵다'고 회신한 점을 종합하여 볼 때, 환자의 증상은 마취제에 대한 아나필락시스라고 볼 수 없다. 응급조치에 있어서도 피고는 환자에게 프로포폴 의 과량 투여 등으로 호흡부전이 발생한 것을 적절한 시기에 치료하지 못하였던 것 으로 추정되며, 적절한 조치 없이 만연히 심폐소생술을 시행하다가 기관내 삽관을 뒤 늦게 시행한 과실이 인정된다.

라. 설명의무 위반 여부: 법원 인정

(1) 원고 주장

피고는 내시경검사를 시행하기 전에 환자에게 미다졸람 및 프로포폴의 부작용 과 합병증 등 위험성에 대하여 미리 고지 또는 설명을 하지 않은 과실이 있다.

(2) 법원 판단

환자가 작성한 '대장내시경검사 동의서'에는 일반적인 대장내시경검사의 합병증에 관한 기재만 있을 뿐, 미다졸람, 프로포폴 등의 부작용과 합병증 등 그 위험성에 관한 기재가 전혀 없고, 달리 피고가 환자에게 이를 설명하였다고 인정할 만한 사정을 찾아 볼 수 없다. 그러나 환자에 대한 수면내시경검사를 위해서는 수면 유도를 위한 약제나 마취제의 사용이 불가피한 점과 미다졸람, 프로포폴의 경우 호흡곤란 등의 증상은 전형적인 부작용 중 하나이기는 하나 발생빈도가 높지 않은 것으로 보이고, 수면내시경검사에서 미다졸람과 프로포폴이 흔히 사용되고 있는 점, 설령 피고가 수면내시경검사에 앞서 환자에게 미다졸람 등 사용에 따른 부작용과 위험성에 관한 설명의무를 다하였다고 하더라도 환자가 수면내시경검사를 거부하고 일반내시경검사를 하거나 대체 약제의 사용 등을 요구하였다고 단정하기 어려워 보여 피고의 설명의무 위반과 환자의 저산소증 뇌손상으로 인한 재산상 손해 사이에 인과관계가 있다고 할 수 없다. 따라서 설명의무 위반으로 인하여 환자의 자기결정권을 행사할 수 없거나 선택의 기회를 상실한 정신적 고통에 대한 손해만을 인정한다.

3. 손해배상범위 및 책임 제한

가. 피고의 손해배상책임 범위: 50% 제한

나. 제한 이유

(1) 미다졸람, 프로포폴은 비교적 부작용이 적고 안전한 약제로 수면내시경검사에서 빈번하게 사용되고 있는 약제로 이로 인한 호흡부전 등이 발생할 것을 예측하기 쉽지 않은 점

(2) 개인 병원인 피고 병원은 종합병원과는 달리 호흡부전 증세를 일으킨 환자에 대하여 완전한 응급조치 장비를 완비하고 적절한 처치를 하기에는 현실적으로 어려움이 있었을 것으로 보이는 점

(3) 피고도 환자에게 호흡부전 증상이 발생하자 산소를 공급하고 심폐소생술을 하는 등의 응급처치를 시도하였고, 곧바로 119 구급대에도 연락을 취하였으며, 119

구급대를 통해 환자를 상급병원으로 전원할 당시에도 함께 동승해 심폐소생술을 계속 시행하는 등 최선의 조치를 하려고 노력한 점

다. 손해배상책임의 범위

(1) 청구금액: 766,585,568원

(2) 인용금액: 366,707,470원

    ① 재산상 손해: 346,707,470원{(일실수입＋기왕 치료비＋향후 치료비＋보조구비＋개호비)×50%}

       – 일실수입: 290,553,792원

       – 기왕 치료비: 30,838,161원

       – 향후 치료비: 40,175,094원

       – 보조구비: 1,601,168원

       – 개호비: 330,246,726원

    ② 위자료: 20,000,000원

4. 사건 원인 분석

이 사건에서 환자는 타 병원에서 위염 진단을 받고 치료를 받아 오던 중 대장내시경검사를 받아 볼 것을 권유 받아 피고 병원에 내원하였다. 과거 수술력은 있었으나 마취제에 관한 이상 증상은 없던 환자는 일단 비수면 상태로 내시경검사를 시행하기로 하였으며, 통증 등으로 어려움이 생기면 수면내시경검사로 전환하겠다는 설명을 들었다. 비수면 상태로 내시경을 검사를 시행하던 중 환자가 통증을 호소하여 내시경검사를 지속하기 어려워지자 수면내시경검사로 전환하였으며, 간호사가 미다졸람 3cc(1mg/1cc 약제)와 프로포폴 3cc(10mg/1cc 약제)를 일시에 정맥주사하였다. 그럼에도 환자가 움직이자 추가로 프로포폴 2cc를 정맥주사하였는데, 그러자 환자의 의식이 저하되고 호흡곤란 증세를 보이며 산소포화도가 70%로 급격히 떨어졌다. 이에 내시경검사를 중단하였으며 nasal catheter로 산소 15L를 공급하고 생리식염수와 에피네프린 1cc를 투여한 후 119 구급대에 신고한 후 심폐소생술을 실시하며 에피네프린을 지속적으로 주사하였다. 119 구급대가 도착하자, 기관내 삽관을 시행하고 심

폐소생술을 계속 시행하면서 상급병원으로 전원하였으나 환자는 현재 저산소성 뇌손상으로 사지마비 및 인지장애 상태이다. 이 사건과 관련된 문제점 및 원인을 분석해 본 결과는 다음과 같다.

첫째, 환자에게 미다졸람과 프로포폴을 용법에 따라 시간적인 간격을 두고 적정한 양을 투여했어야 하는데, 한꺼번에 과다한 양을 투여하였다. 법원에서는 피고가 적정투여량을 초과한 프로포폴 50mg(미다졸람의 적정 최대 투여량은 5mg, 프로포폴의 적정 투여량은 미다졸람 전처치의 경우 0.5mg/kg(환자는 27.5mg))을 투여하였다고 판단하였다. 더불어 미다졸람의 경우 프로포폴과 함께 투여하였으므로 2~3분 동안 서서히 주사하여야 함에도 일시에 단회로 투여하여 환자에게 호흡부전을 일으킨 것으로 판단된다.

둘째, 내시경검사 과정에서 환자에 대한 경과관찰을 소홀히 하였다.

셋째, 의료기록 작성이 미비하였다. 피고와 간호사가 작성한 진료기록부나 간호기록지에는 환자에게 투여한 미다졸람과 프로포폴의 양, 투여량을 결정하는데 필요한 환자의 체중, 투여를 시작한 시간이나 총 투여시간, 마취 전 및 마취 당시의 활력징후 등이 정확히 기재되어 있지 않았다. 더불어 환자의 호흡부전이 일어난 후 응급조치가 이루어진 시간, 그 과정에서의 활력징후의 변화도 기록되어 있지 않아 적절한 경과관찰을 하였다고 판단하기 어렵다.

넷째, 응급조치가 지연되었다. 심정지나 심실세동의 위험성이 있더라도 일단은 심폐소생술에 앞서 기도를 확보하여 산소를 공급해야 하는 것이 우선 시 되어야 하는데 119 구급대가 도착한 후에야 뒤늦게 기관내 삽관을 시행한 점[12]을 들 수 있다. 더불어 산소 15L/min를 nasal로 적용하여도 목표한 수준의 산소를 공급할 수 없다.

다섯째, 해당 의료기관에서 소속된 의료인들에게 마취와 관련된 응급상황 발생 시 대처방법 교육이 미비했을 것이라 추정된다(〈표 8〉 참조).

---

12) 해당 내용은 판결문에 수록된 내용임.

〈표 8〉 원인분석

분석의 수준	질문	조사결과
왜 일어났는가? (사건이 일어났을 때의 과정 또는 활동)	전체 과정에서 그 단계는 무엇인가?	−마취 및 시술 단계 −응급 처치 단계
가장 근접한 요인은 무엇이었는가? (인적 요인, 시스템 요인)	어떤 인적 요인이 결과에 관련 있는가?	• 의료인 측 −투약상의 문제 −내시경검사 과정에서 환자에 대한 경과관찰 제대 로 하지 않음 −의료기록 작성 미비 및 부족 −응급조치 지연
	시스템은 어떻게 결과에 영향을 끼쳤는가?	• 의료기관 내 −응급처치에 대한 교육이 제대로 이루어지지 않았 던 것으로 추정됨

5. 재발방지 대책

〈그림 8〉 판례 8 원인별 재발방지 사항

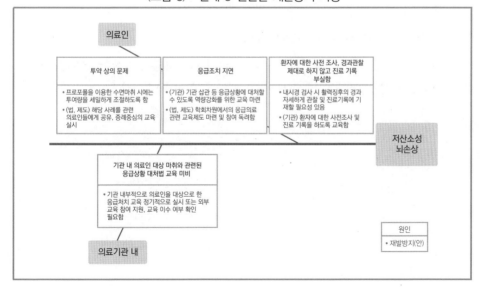

원인별 재발방지 대책은 〈그림 8〉과 같으며, 각 주체별 재발방지 대책은 아래와 같다.

(1) 의료인의 행위에 대한 검토사항

(가) 프로포폴을 이용한 수면마취 시 투여량을 세밀하게 조절함

프로포폴을 이용한 수면마취 시에는 부작용으로 저혈압, 호흡억제 등이 나타날 수 있기 때문에 수면내시경검사를 위하여 미다졸람을 전 처치한 경우에는 프로포폴 10~20mg씩을 환자의 반응을 보면서 간헐적으로 투여하거나 0.5mg/kg을 일회에 1분 내지 5분에 걸쳐 정맥주사하는 방법으로 투여량을 조절할 필요가 있다.

(나) 내시경검사 시 경과에 대한 자세한 의료기록 작성

내시경검사 시 활력징후의 경과를 자세하게 관찰할 필요가 있으며 이를 진료기록에 기재할 필요가 있다.

(2) 의료기관의 운영체제에 대한 검토사항

의료기관은 기관 내부적으로 의료인에게 응급처치에 대한 교육을 정기적으로 실시하는 방법 또는 외부에서 하는 교육에 참여를 지원하는 방법 등으로 교육 참여를 하도록 하며, 교육 이수 여부를 확인할 필요가 있다.

(3) 국가 및 지방자치단체 차원의 검토사항

의무기록 작성 여부를 확인하는 것과 더불어 응급상황이 발생할 경우를 대비한 응급 처치를 위한 기기와 인력 확보 등에 대한 지원이 필요하다.

┃ 참고자료 ┃ 사건과 관련된 의학적 소견13)

1. 미다졸람

미다졸람은 수면진정제로 검사나 시술 전 단기간의 진정목적이나 중환자실 환자의 장기간 진정 목적으로 사용된다. 내시경 또는 심혈관계 처치를 위하여 정맥 주사할 경우 60세 미만의 성인에게는 초회량으로 2~2.5mg을 2~3분 동안 주입한다. 원하는 진정수준에 도달하기 위한 총 투여량은 5mg 이하이다(보통 약물 1cc당 미다졸람 1mg).

미다졸람은 수면진정제 중 비교적 안전영역이 넓은 약제이나 호흡억제나 순환억제가 간혹 나타날 수 있고 심한 경우 사망까지 초래할 수 있으며 호흡정지, 심정지 등이 나타날 수 있다. 또한 고령자, 쇠약환자에 과량으로 투여하거나 신속하게 또는 단회로(bolus 요법, 투여하기로 한 약물의 양을 한꺼번에 정맥 내로 주사하는 정맥주사요법) 정맥 투여 시 호흡 억제 및 정지가 유발될 수 있다. 따라서 이에 대비하여 산소를 투여할 수 있는 기구, 승압제, 환자 감시장비 등이 필요하며 투약 전반의 과정에서 환자의 호흡상태, 혈압, 맥박, 산소포화도 등의 감시가 필요하다.

2. 프로포폴

프로포폴은 가장 최근에 소개된 정맥마취제로, 진정 최면제이다. 보통 전신마취의 유도를 위하여 성인의 경우 10초마다 프로포폴 40mg을 정맥 또는 점적 정맥 주사하고, 55세 미만의 성인에는 1.5~2.5mg/kg을 투여하며 투여 속도를 감소시켜(20~50mg/분) 총 투여량을 감소시킬 수 있다. 수면내시경검사를 위하여 미다졸람을 전 처치한 경우에는 프로포폴 10~20mg씩을 환자의 반응을 보면서 간헐적으로 투여하거나 0.5mg/kg을 일회에 1내지 5분에 걸쳐 정맥 주사 한다(보통 약물 1cc에 프로포폴 10mg이 들어 있고, 일부 제제는 200mg이 들어 있기도 한다).

프로포폴의 부작용으로 저혈압, 호흡억제 등이 나타날 수 있고, 특히 프로포폴을 점적주사가 아닌 일회로 투여할 경우에는 환자에 따라서는 급격하게 호흡부전이 생길 수 있다. 따라서 프로포폴에 의한 수면내시경검사를 시행하는 경우 기도유지와 심폐소생술을 할 수 있는 장비 등을 갖추어야 하며 투약 전반의 과정에서 환자의 호흡상태, 혈압, 맥박, 산소포화도 등의 감시가 필요하다.

---

13) 해당 내용은 판결문에 수록된 내용임.

3. 호흡저하에 대한 응급처치

가) 갑작스런 호흡저하나 호흡정지는 저산소증을 일으키며 결국 뇌손상과 중요장기의 손상을 야기하여 사망에 이르게 하는데, 뇌 저산소증이 3~4분 이내인 경우에만 예후가 양호하기 때문에 되도록 빨리 호흡저하에 대한 응급처치를 하여야 한다. 호흡저하에 대한 응급처치로, ① 우선 환자의 기도를 확보하고, ② 앰부배깅(ambu-bagging, 환자의 입과 코에 마스크를 부착하고 럭비공 모양의 앰부백을 짜주어 인공호흡을 시키는 방법) 등의 방법을 통하여 인공호흡을 실시하고, ③ 환자의 흉부를 압박하는 심폐소생술(cardiopulmonary resuscitation, CPR)을 시행하여야 하며, 정맥에 에피네프린 등을 주입하여야 한다.

나) 기도가 폐쇄되어 있는 경우에는 일반적으로 기도내삽관술을 시행하여 기도를 유지해야 한다. 기관 튜브를 환자의 입이나 코를 통하여 기관까지 삽입하는 방법으로 기도를 확보할 수 있고, 기관 튜브가 외부로 나와 있는 끝 부위에 산소가 연결된 앰부백이나 인공호흡기를 연결하여 인공호흡을 시켜주면 폐로 산소와 공기를 공급할 수 있다.

4. 저산소증과 저산소성 뇌손상

가) 저산소증은 호흡기능의 장애로 숨쉬기가 곤란하여 체내 산소분압이 떨어진 상태로 동맥혈가스분석검사를 실시하였을 때 산소분압이 60mmHg 미만이거나 산소포화도가 90% 미만일 경우를 의미한다. 특히 70% 미만의 심각한 저산소혈증에 4분 이상 노출된 경우에는 차후에 산소포화도가 정상수치로 회복된다고 하여도 이미 비가역적인 저산소혈증에 의한 치명적인 뇌손상을 입게 된다.

나) 저산소성 뇌손상이란 저산소에 따른 뇌장애 증후군으로서 저혈압이나 호흡부전으로 인한 뇌의 산소 결핍으로 발생하는데, 구체적인 원인으로는 심극경색증, 심정지와 순환기의 허탈을 동반한 출혈, 쇼크, 질식 등이 있다.

5. 아나필락시스(anaphylaxis, 또는 아나필락틱 쇼크)

마취제에 대한 과민성 쇼크로서, 전신 혹은 다장기의 급성 중증 과민반응을 의미한다. 아나필락시스는 원인이 되는 물질에 노출된 즉시, 또는 짧은 시간 이내에 특징적인 증상이 나타나고 일반적으로 증상 발생까지의 시간이 짧을수록 더 심한 반응이 일어난다.

환자들은 전조증상으로 국소적 혹은 전신적인 소양증, 피부 발적 또는 따끔거림, 발열감, 복통, 불안감 등을 경험하기도 한다. 이어서 흔히 전신적인 담마진 또는 혈관부종이 발생한다. 후두부종이나 기관지수축으로 심한 호흡곤란이 발생할 수 있고, 초기 증상으로 구강점막의 소양증과 혀의 부종, 인후부의 조이는 듯한 느낌을 호소하는 경우가 많다. 저혈압과 빈맥, 메스꺼움, 구토, 복통 및 설사가 발생하기도 한다. 심한 경우 심혈과 허탈, 의식소실, 청색증, 경련, 치명적인 부정맥이 발생하고 사망할 수도 있다.

판례 9. 수술 및 마취과정 상의 경과관찰 소홀로 인하여 환자에게 저산소증 뇌손상이 발생한 사건_서울고등법원 2011. 12. 27. 선고 2011나63958 판결

33세 여자환자는 수면마취 후 음핵 노출술과 G-spot보강술을 받았다. 수술 직후 혈압 및 맥박이 측정되지 않고 통증에 대한 반응도 미약하여 피고는 응급조치 시행 및 전원을 시행하였다. 전원한 병원에서 시행한 뇌 CT 검사결과 양측 대뇌반구에 허혈성 뇌손상을 보였고, 현재 환자는 혼수상태로 저산소증으로 인한 뇌손상, 사지마비 및 관절구축 상태이다[서울중앙지방법원 2011. 7. 13. 선고 2010가합18381 판결; 서울고등법원 2011. 12. 27. 선고 2011나63958 판결]. 이 사건의 자세한 경과는 다음과 같다.

1. 사건의 개요

날짜	시간	사건 개요
2009. 12. 17		• 성관계 시 성감이 떨어지고 음핵 자극 시 느낌이 오는데 시간이 오래 걸리자 성감을 증대시키기 위하여 피고병원에 내원함(환자 여자. 사고 당시 33세) • 피고의사 F는 음핵이 완전히 덮여 있어 성적 마찰에 의한 자극이 적어 만족감이 떨어질 수 있다고 진찰함 • 음핵노출술14) 및 G-spot보강술15) 위을 시행하기로 함
2009. 12. 18		• 수술 받기 위해 다시 내원함
	15:30	• 피고의사 F가 수술 중 혈압, 맥박, 심전도, 산소포화도 측정 위해 메디아나의 YM-6000 장비 부착함
	15:40	• 프로포폴 4cc, 4cc, 2cc를 10초 간격으로 투여하여 수면마취 유도한 후 수술 시행함

---

14) 음핵이 표피로 덮여 있을 경우 이를 제거하여 음핵을 노출시켜 주는 수술로 수면 마취하에 10~20분 정도 소요.

15) 여성의 질 상부 벽에 있는 G-spot이라는 성감대에 인체용 실리콘볼이나 필러 등을 주입하여 돌출시켜 자극을 쉽게 받을 수 있도록 하는 수술로 수술은 수면 마취하에 5~10분 정도 소요.

날짜	시간	사건 개요
2009. 12. 18		• 마취 유지를 위해 포도당 500cc에 프로포폴 20cc를 섞은 후 4~5gtt의 속도로 투여함 • 활력징후 정상임
	15 : 50	• 활력징후 정상임
	16 : 10	• 수술 종료함 • 수술 직후 혈압 측정되지 않고 통증에 대한 반응 미약함 • 거친 호흡소견과 맥박 측정 되지 않음 • 피고의사 F가 피고의사 E를 호출함
		• 피고의사 E가 기관내 삽관과 에피네프린 1앰플을 정맥주사함 • 기관내 삽관 시도 시 튜브를 식도로 삽입하였다가 즉시 기도로 다시 삽관하였음
		• 심실빈맥 나타나자 피고의사들이 에피네프린을 주사한 후 3~5분간 심장마사지를 시행함 • 앰부배깅 시행함
		• 맥박 160~170회/분 • 혈압 180/110mmHg • 앰부배깅하면서 상태관찰함
		• 혈압 70/40mmHg, 맥박 50~60회/분이며 아주 미약하거나 불확실하자 피고의사들이 즉시 에피네프린 주사한 다음 심장마사지함
	16 : 17	• 상급병원 전원하기 위하여 119 구급대에 연락함
	16 : 45	• 혈압 90/60mmHg • 맥박 80회/분 • 산소포화도 85~90%로 무의식 상태
	16 : 47	• 피고의사 F의 동반 하에 상급병원으로 출발함
	16 : 55	• 응급실 도착함 • 의식 혼수상태 • 심박수 110회/분, 맥박은 촉지 되는 상태임
	17 : 07	• 동맥혈 가스검사 결과 　=pH 7.07, pCO$_2$ 35.5mmHg, pO$_2$ 98.7mmHg, 　BE-B -18.4mmol/L, HCO$_3$ -10.4mmol/L
	17 : 36	• 혈장 젖산검사 결과 　=12.2mmol/L

날짜	시간	사건 개요
2009. 12. 18		• 심한 대사산증을 보임 • 뇌 CT 검사결과 양측 대뇌반구에 허혈성 뇌손상이 나타남
현재		• 혼수상태로 저산소증으로 인한 뇌손상, 사지마비 및 관절구축 상태

2. 쟁점별 당사자 주장과 법원의 판단

가. 진단 및 수술 결정 과정에서의 과실 유무: 법원 불인정

(1) 원고 주장

원고들은, 피고 병원 의료진이 환자에 대하여 충분한 검사를 시행한 다음 수술의 필요성 여부를 결정하였어야 함에도 검사를 시행하지 않고 이상이 없는 원고의 성감이 저하된 것으로 오진하고 수술을 결정한 과실이 있다고 주장한다.

(2) 법원 판단

환자는 스스로 성관계 시 성감이 떨어지고 음핵 자극 시 느낌이 오는 데에 시간이 오래 걸려 성감을 증대시키기 위해 피고 병원을 방문하였던 점, 음핵노출술과 G-spot보강술은 건강을 위한 시술이기 보다는 성감 개선을 원하는 사람의 필요와 요구에 의해 시행되는 것인 점, 피고는 진찰결과 환자의 음핵이 포피로 덮여 있었고, G-spot도 감각은 있으나 발달이 미약한 상태임을 확인한 후 위와 같은 환자의 주관적 불만을 감안하여 수술을 결정하였던 점 등으로 보아 피고가 오진한 후 수술을 결정하였다는 주장은 인정할 수 없다.

나. 마취과정에서의 과실 유무: 법원 불인정

(1) 원고 주장

원고들은, 피고가 충분한 시설이나 마취전문의 등 인력을 갖추지 않은 상태에서 환자에 대해 마취 및 수술을 시행하였으며 마취 약물을 용량과 용법에 맞지 않게 사용한 과실이 있다고 주장한다.

(2) 법원 판단

프로포폴의 경우 마취과 전문의가 아니더라도 각종 미용성형수술을 실시하는 의사들에 의해 널리 사용되는 마취제로서, 피고가 원고의 수면유도를 위해 투입한 프로포폴의 양은 10cc와 마취유지를 위해 포도당 500cc에 프로포폴 20cc를 섞은 후 4~5gtt의 속도로 2cc{=1gtt 속도로 1시간 투여량 16cc×(총 수술시간 40분/60분)×5gtt× (포도당에 희석한 프로포폴 비율 20cc/520cc)}를 투여한 것에 불과하여 과다하게 투여하였다고 보기는 어렵다.

다. 경과 관찰을 소홀히 한 과실 유무: 법원 인정

(1) 원고 주장

원고들은, 피고가 수술 및 마취과정에서 원고의 활력징후 및 심장상태를 관찰하지 않은 과실이 있다고 주장한다.

(2) 피고 주장

피고들은, 피고의사 F가 기계를 통해 마취 중인 환자의 상태를 세심하게 관찰하였고, 환자가 혈압과 맥박측정이 안되고 거친 호흡소견을 보이며 통증반응이 미약하자 피고의사 E에게 연락하여 적시에 응급조치를 하였음에도 저산소증으로 인한 뇌손상, 사지마비 및 관절구축 상태에 이르게 된 것을 보면 피고의사 F의 경과관찰의무 위반으로 인한 것이 아니라 환자가 평소 가지고 있던 소인에 의한 심인성 심정지에 따른 것이라고 주장한다.

(3) 법원 판단

피고는 환자의 활력징후와 심장상태를 확인하기 위해 메디아나의 YM-6000 장비를 부착시켰는데, 이 장비는 활력징후에 이상소견이 있을 경우 경고음을 내는 경고장치가 있으므로 피고는 수술 중 장비를 지속적으로 모니터링하여 환자의 신체에 산소가 공급되는 정도를 파악할 수 있었던 사실이 있었다. 그러나 피고는 모니터링 하지 않았고, 수술 중 마취기록지 또한 작성되지 않았다. 진료기록부에는 2009. 12. 18. 15 : 40경과 같은 날 15 : 50경 원고의 활력징후가 정상이라고 기재되어 있을 뿐 저산소성 뇌손상의 원인과 밀접한 관련이 있는 같은 날 15 : 50경부터 16 : 10경까지의 활력징후는 기재되어 있지 않다. 환자는 상급병원으로 전원하기 전에 이미 비가역적인 뇌손상을 입은 것으로 보이고 이 사건 수술 전 원고에게 저산소성 뇌손상을 초래할 만한 후천적인 심폐질환은 없었던 사실은 인정할 수 있다. 즉, 피고가 임상경과의 관찰을 소홀히 한 것과 환자의 저산소성 뇌손상은 인과관계가 있다고 할 수 있다.

라. 응급처치 과정에서의 과실 유무: 법원 불인정

(1) 원고 주장

원고들은, 수술 및 마취과정에서 환자에게 혈압, 맥박, 호흡 등이 불안정하게 되는 등 응급상황이 발생하면 기도확보, 인공호흡, 순환혈액량 유지, 심폐소생을 위한 처치 및 약물 투여 등을 신속하고 적절하게 하여야 함에도 피고들은 기관내 삽관을 시도하다가 튜브를 식도로 잘못 삽입하고, 활력징후가 불안정한 상황에서도 필요한 약물이나 산소를 공급하지 않았으며, 산소 부족 등으로 원고에게 심장마비 증세가 나타났음에도 제세동 등을 실시하지 않은 과실이 있다고 주장한다.

(2) 법원 판단

비록 피고가 튜브를 식도로 잘못 삽입하기는 하였으나 즉시 이를 빼어서 다시 기도로 삽관하였고, 기관내 삽관 시 이와 같이 튜브가 식도로 들어가는 경우는 종종 발생할 수 있는 점에 비추어 볼 때, 응급처치 과정에서 과실이 있다고 보기 어렵다.

마. 전원과정에서의 과실 유무: 법원 불인정

(1) 원고 주장

원고들은 피고 병원 의료진이 응급상황에서 이송준비를 사전에 하지 않았고, 119에 연락도 늦게 하는 등 전원을 지연한 과실이 있다고 주장한다.

(2) 법원 판단

피고 병원 의료진은 원고의 상태를 확인하고 심폐소생술을 실시함과 동시에 즉시 2009. 12. 18. 16 : 17경 상급병원에 전원하기 위하여 119에 연락을 취한 사실, 이후 계속하여 심폐소생술을 실시한 사실이 있어 피고 병원 의료진에게 전원과정에서 지체한 과실이 있다고 인정하기 어렵다.

사. 설명의무 위반 유무: 법원 불인정

(1) 원고 주장

원고는 피고 병원 의료진이 수술 및 마취 전에 원고의 이상증세, 치료방법, 마취방법, 마취약물로 인해 발생할 수 있는 부작용(호흡곤란 및 쇼크) 등에 대하여 구체적이고 충분한 설명을 하지 않아 원고의 자기결정권을 침해하였다고 주장한다.

(2) 법원 판단

피고는 원고에게 수술방법, 수술 시간, 수술 부작용(출혈, 통증, 부종), 마취방법과 수면마취의 부작용(혈압, 맥박, 산소포화도의 저하) 등에 대해 설명하고, 수술 및 마취에 대한 합병증(출혈, 통증, 부종, 구토, 마취제로 인한 활력징후 저하 등) 등이 기재된 수술동의서에 원고로부터 자필서명을 받은 사실이 있어 원고의 설명의무 위반 주장은 인정할 수 없다.

3. 손해배상범위 및 책임 제한

가. 피고의 손해배상책임 범위: 60% 제한(제1심, 항소심)

나. 제한 이유

(1) 프로포폴은 임상에서 널리 사용되는 마취제로서, 환자에게 투여한 프로포폴의 용량이나 투여방법 자체에는 아무런 문제가 없었던 점

(2) 환자에게 프로포폴 투약의 부작용인 무호흡 증상이 나타난 것은 프로포폴 투여상의 과실 때문이기보다는 약물 자체의 성분과 환자의 체질적 소인이 서로 반응하였기 때문이라고 보이는 점

(3) 피고는 개인 병원을 운영하는 의사로 프로포폴 투약 부작용으로 인하여 발생한 환자의 저산소증에 대한 처치에 적지 않은 어려움이 있었을 것으로 보이는 점

(4) 피고는 환자의 저산소증과 청색증을 확인한 후 산소공급과 심폐소생술을 실시하고 119 구급대에 신고하여 대학병원으로 전원시키는 등 환자의 상태 회복을 위하여 노력한 점

다. 손해배상책임의 범위

(1) 청구금액: 1,298,302,643원

(2) 인용금액: 421,242,717원

① 재산상 손해: 376,242,717원{(일실수입＋기왕 치료비＋향후 치료비＋보조구 구입비＋개호비)×60%}

- 일실수입: 277,489,165원
- 기왕 치료비: 33,789,305원
- 향후 치료비: 36,316,970원
- 보조구 구입비: 4,335,650원
- 개호비: 275,141,660원

② 위자료: 45,000,000원

4. 사건 원인 분석

이 사건에서 환자는 성감을 증대시키기 위하여 피고 병원에 내원하였고, 피고는 환자의 음핵이 완전히 덮여 있어 성적 마찰에 의한 자극이 적어 만족감이 떨어질 수 있다고 판단하여 음핵 노출술과 G-spot보강술을 병행하기로 하였다. 수술 시 환자의 혈압, 맥박, 심전도, 산소포화도 측정을 위해 측정 장비를 부착하고 수면마취 유도를 위하여 프로포폴 4cc, 4cc, 2cc를 10초 간격으로 투여하였다. 그러나 수술 직후 환자의 혈압이 측정되지 않고 통증에 대한 반응도 미약하며, 거친 호흡과 함께 맥박 측정이 되지 않았다. 이에 기관내 삽관과 동시에 에피네프린 1앰플을 정맥주사하였다. 잠시 후 환자에게 심실빈맥이 나타났고 다시 에피네프린 주사와 심장마사지 시행, 앰부배깅을 시행하였으나 환자의 활력징후는 지속적으로 불안정하였다. 타 병원 응급실에 전원하였음에도 환자의 의식은 혼수상태였고, 심한 대사산증을 보이며 같은 날 시행한 뇌 CT 검사결과 양측 대뇌반구에 허혈성 뇌손상을 보였다. 현재 환자는 혼수상태로 저산소증으로 인한 뇌손상, 사지마비 및 관절구축 상태이다. 이 사건과 관련된 문제점 및 원인을 분석해본 결과는 다음과 같다.

첫째, 수술 중 환자 경과관찰이 소홀하였다. 판결문에 기재되어 있듯이 수술 중

환자의 산소포화도 등에 문제가 있었음에도 수술에 집중하느라 듣지 못하였을 가능성도 있고, 경고음이 울리지 않아 듣지 못하였는 등 기계 문제일 수도 있다. 이처럼 수술 중 환자의 상태를 지속적으로 모니터링하여 파악하지 않은 점과 마취기록지를 작성하지 않은 문제가 있다(〈표 9〉 참조).

〈표 9〉 원인분석

분석의 수준	질문	조사결과
왜 일어났는가? (사건이 일어났을 때의 과정 또는 활동)	전체 과정에서 그 단계는 무엇인가?	- 수술 및 마취 단계
가장 근접한 요인은 무엇이었는가? (인적 요인, 시스템 요인)	어떤 인적 요인이 결과에 관련 있는가?	• 의료인 측 - 환자 수술 시 환자의 활력징후에 대한 모니터링을 소홀히 함 - 마취기록지를 작성하지 않음
	시스템은 어떻게 결과에 영향을 끼쳤는가?	• 의료기관 내 - 산소포화도 등 측정 기계 문제 가능성

5. 재발방지 대책

〈그림 9〉 판례 9 원인별 재발방지 사항

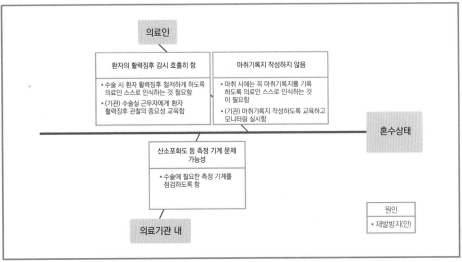

원인별 재발방지 대책은 〈그림 9〉와 같으며, 각 주체별 재발방지 대책은 아래와
같다.

(1) 의료인의 행위에 대한 검토사항

의료인은 수술 시 환자의 활력징후를 철저하게 감시하는 것이 필요하며, 특히
마취를 한 경우 경과관찰을 세심하게 하고 의료인 스스로도 중요성을 인식하는 것이
중요하다. 더불어 수술 중 마취를 시행할 경우에는 꼭 마취기록지를 작성하여야 한
다. 이를 통하여 의료사고 발생 시 의료행위의 적절성 여부를 판단할 수 있기 때문에
마취기록지뿐만 아니라 수술 중 경과기록지, 의무기록 등의 기록이 중요함을 의료인
이 인식하고 정확하게 기록하여야 한다.

(2) 의료기관의 운영체제에 관한 검토사항

의료기관은 수술에 참여하는 모든 근무자들에게 수술 중 환자의 활력징후를 세
심하게 관찰하는 것이 중요하다는 것을 교육할 필요가 있다. 또한 의료인에게 마취기
록지 등의 기록을 의료인이 작성할 수 있도록 꾸준히 교육하고 모니터링하는 것이

필요하다.

더불어 수술에 필요한 측정 기계의 점검을 철처히 하여, 수술 시 환자에게 문제가 발생하였음에도 불구하고 측정기계의 경보음이 들리지 않는 등의 문제가 생기지 않도록 관리를 철저히 하는 것이 필요하다.

▍ 참고자료 ▍   사건과 관련된 의학적 소견16)

1. 프로포폴

프로포폴은 전시남취의 유도 및 유지, 수술 및 진단 시 의식하 진정을 위하여 가장 많이 사용되는 전신마취제의 일종으로, 보통 마취유도를 위하여 정맥투여 시 1~2.5mg/kg을 투여하고, 이를 유지하기 위하여 50~200μg/kg/min를, 진정을 위하여 25~100μg/kg/min를 투여하나 반드시 환자의 호흡상태, 심혈관계 상태변화를 관찰하면서 용량을 적절히 조절하여야 한다. 프로포폴의 부작용으로는 저혈압, 호흡억제 등이 있고 다른 정맥 투여 마취제와 마찬가지로 심부전, 호흡부전, 신부전이 있거나 혈량이 저하된 또는 허약한 환자에게 투여 시 주의가 필요하다. 프로포폴 투여 후 산소포화도가 저하되는 가장 흔한 원인은 호흡억제나 무호흡 상태 같은 호흡관련 문제이므로 프로포폴 투여시에는 환자 상태에 대한 직접 관찰(시진, 청진, 촉진)과 더불어 심전도, 혈압기, 맥박산소포화도 측정기를 이용하여 지속적으로 환자의 생체활력징후 변화를 감시하는 것이 중요하며, 응급상황에 대비하여 즉시 산소를 투여할 수 있는 기구(산소 마스크, 기관내 삽관에 필요한 도구 등)와 응급약제들의 비치도 필요하다.

2. 심실세동과 심실빈맥

심실세동(ventricular fibrilation)이란 심실의 불규칙하고 지속적인 연동운동으로 심장이 혈류를 각 조직으로 방출하지 못하여 심장이 멈춘 것과 같은 상태로서 즉시 심폐소생술(특히 제세동기를 이용한 제세동)을 시행하지 않으면 환자가 뇌손상을 받거나 사망에 이르는 질환이다. 심실빈맥(ventricular tachycardia: VT)이란 심실세동의 가장 흔하고 위험한 유발인자로서 심박수의 빠르기에 따라 맥박을 촉지할 수 없다면 심실세동에 준하는 응급소생술을 바로 시행하여야 한다.

3. 심폐소생술

심폐소생술은 환자가 호흡기능이 정지되거나 폐를 통한 자발적인 산소섭취와 외부로 이산화탄소를 배출할 수 있는 능력을 잃거나, 순환기능이 정지되어 조직으로의 산소운반 능력을 상실하였을 때 인위적으로 산소를 공급해 주고 순환이 이루어지도록 해주어 신체내의 저산소증이나 저산소혈증을 방지해주는 소생술을 말한다. 인체 내 장기 중 특히 뇌는 4~5분 이상 산소공

---

16) 해당 내용은 판결문에 수록된 내용임.

급이 중단될 경우 비가역적인 뇌손상을 입게 되므로 심폐기능 정지 시에는 신속한 심폐소생술의 실시가 필요하다. 구체적인 방법과 순서는 환자에게 호흡정지가 발생하였을 때 ① 먼저 기도를 유지시키고, ② 산소와 앰부백, 기도삽관에 필요한 기구들이 준비되어 있을 때에는 이러한 기구들을 사용하여 환자에게 산소를 투여하며, 산소와 기구들이 없을 때에는 구강 대 구강, 구강 대 비구강의 방법으로 소생술 시행자의 호기가스를 환자에게 투여해주며, ③ 동시에 심정지가 발생하였을 때에는 흉곽 및 심장 마사지, 제세동기 사용, 승압제 등 약제들을 사용하여 심장기능을 회복시켜줘야 한다.

4. 저산소성 허혈성 뇌손상

저산소성 허혈성 뇌손상이란 저혈압, 순환부전, 호흡부전, 호흡정지, 심정지 등으로 인한 산소결핍에 의하여 발생하는 비가역적인 손상으로, 극심하거나 지속적인 뇌 전체의 허혈증은 뇌사를 초래하고 사망에 이룰 수 있다. 호흡부전, 호흡정지, 심정지가 발생하였을 때 즉시 적절한 응급처치를 시행하여 3~5분 이내에 뇌로 혈류를 보내 산소를 공급하지 않으면 무산소증에 의한 저산소성 허혈성 뇌손상이 발생할 수 있다.

판례 10. 골수검사를 위해 미다졸람 투여 후 환자가 의식을 회복하지 못하고 사망한 사건_광주고등법원 2012. 8. 29. 선고 2011 나466 판결

환자는 조직검사 결과 '말초 T세포 림프종'으로 진단되어, 혈액내과에서 골수검사를 위하여 미다졸람을 투여하고 검사를 시행하던 중 의식을 회복하지 못한 채 저혈압 증상을 보이다 사망하였다[광주지방법원 2010. 11. 25. 선고 2009가합11404 판결; 광주고등법원 2012. 8. 29. 선고 2011나466 판결]. 이 사건의 자세한 경과는 다음과 같다.

1. 사건의 개요

날짜	시간	사건 개요
2008. 11. 29		• 설사를 동반한 복통으로 A병원에서 통원치료 받음(환자 여자. 나이 미상)
2008. 12. 4		• 복통으로 A병원 응급실로 후송됨 • CT 검사함 　＝복강 내 출혈 확인됨 • 피고 B병원으로 전원함
		• A병원에서의 CT검사 결과를 근거로 골반 염증성 질환을 의심하여 항생제를 투여함 • 산부인과 당직의사가 초음파 검사 실시함
2008. 12. 5	00 : 20	• 퇴원함
		• 복통으로 피고 B병원 내과 외래를 거쳐 감염내과에 입원함 • 혈액검사 소견 및 A병원의 복부 CT 결과에 대한 재판독 결과 물자궁관증, 간주위염, 반응성 림프절병증 소견을 보여 골반내 염증성 질환으로 판단함 • 항생제 치료를 시작함 • 복부 통증, 오한 및 발열 증상이 호전되고 초음파 상 복수 외에 특이 소견 보이지 않자 골반 내 염증성 질환이 호전된 상태로 판단함
2008. 12. 10		• 오른쪽 경부 림프절 종대가 촉진되자 말초혈액도말검사를 시행함 • 말초혈액도말검사 결과 　＝백혈구 증가증 지속 및 비정형 림프구의 증가 소견이 관찰됨

날짜	시간	사건 개요
2008. 12. 11		• 경부와 흉부 CT 촬영함 • CT 촬영 결과 　= 경부 림프절과 폐 림프절의 림프종 침범 의심됨
2008. 12. 12		• 이비인후과 협진 의뢰함 • 경부 림프절 절제 생검을 시행함 • C병원 혈액내과에 조직검사 의뢰함
2008. 12. 16		• 피고 B병원 감염내과 의료진은 C병원 혈액내과로부터 경부 림프절 조직검사의 중간 소견 상 림프종이 의심되나, 정확한 진단을 위하여 면역조직화학적 특수염색 필요하다는 통보 받음 • 피고 B병원 감염내과 의료진은 복통과 발열 다시 발생하자 복부 CT 재검사함 　= 복강 내 다발성 림프절 병증 관찰됨 • 피고 B병원 감염내과 의료진은 C병원 혈액내과 의사와 상의하여 조직검사 결과 림프종 확진되고 림프종 아형 확인될 시 C병원으로 전원하여 추가 골수검사 및 치료하기로 협의함 • 환자와 가족에게 조직검사 중간 결과 림프종이 의심된다는 진단 설명하면서 최종진단 나오면 항암치료가 필요하다고 설명함
2008. 12. 17		• CT 재촬영함
2008. 12. 22	오전	• 조직검사 결과 '말초 T세포 림프종[17)'으로 진단되자 C병원으로 전원함
	15 : 00	• C병원 혈액내과 의료진 미다졸람을 5mg씩 4차례에 걸쳐 투여함 • 골수채취 부위에 부분마취제 리도카인 110cc를 투여한 후 골수검사 실시함 • 의식 회복하지 못한 채 저혈압증상 보임
2008. 12. 24	05 : 50	• 사망 • 부검결과 질환의 진행속도가 비교적 빠른 말초 T세포 림프종이 전신 장기에 침범하였고, 림프종의 진행과정 중에 병발된 합병증(종양용해증후군,[18) 심폐기능의 실종, 감염, 다발성 장기부전 등)으로 사망한 것으로 추정됨

---

17) 성숙 T세포의 면역표현형을 보유한 공격성 림프종의 집행체로서 전체 악성 림프종 환자의 약 7%를 차지함. 말초 T세포 림프종이나 다른 특수한 아형의 진단은 각별히 혈액병리 전문의사가 필요하고 적절하고 충분한 조직생검과 면역표현형의 적절한 검사가 이루어질 때 가능함. 말초 T세포 림프종 환자의 예후는 불량하고 환자들의 25%만이 진단 후 5년 내 생존함. 아형에 따라 평균생존기간이 8개월이라고 보고되고 있음.

18) 방사선치료나 항암치료 또는 종양의 진행과정 중에 나타나는 잠재적이고 치명적인 합병증임. 많

2. 쟁점별 당사자 주장과 법원의 판단

가. 피고 B병원 감염내과 의료진의 검사 및 치료 지연 여부: 법원 불인정

(1) 원고 주장

원고들은, 피고 B병원 감염내과 의료진이 당시 환자에 대한 말초혈액도말 검사상 비정형 백혈구 증가증이 있어 혈액종양이 의심되었고, 혈액종양의 병리 과정도 매우 빠르게 진행되었으므로 생검 등 필요한 검사를 조기에 실시하여야 함에도 CT촬영 이외에 별다른 처치를 하지 않았다고 주장한다. 또한, 적어도 2008. 12. 11. 이후에는 환자를 감염내과에서 혈액내과로 옮겨 적절한 치료를 하여야 했음에도 2008. 12. 22. 조직검사 결과가 나올 때까지 기본적인 백혈구 수치의 변화상태도 제대로 파악하지 않고 악성 림프종 관련 치료행위를 실시하지 않는 등 적절한 치료를 신속하게 시행하지 않은 과실이 있다고 주장한다.

(2) 피고 주장

피고 B병원 의료진은, 환자의 증상을 진단하고 환자를 치료하기 위해 필요한 조치를 다하였고, 조직검사 결과 말초 T세포 림프종의 진단이 나오자 환자를 C병원으로 전원하였다고 주장한다.

(3) 법원 판단

피고 B병원 감염내과 의료진은 2008. 12. 10. 말초혈액도말검사를 실시한 결과 림프종 종대와 비정형 림프구의 증가를 확인하고도 2008. 12. 22. 말초 T세포 림프종 진단이 나온 후에야 비로소 C병원으로 전원시킨 사실이 있다. 즉, B병원은 2008. 12. 10. 말초혈액도말 검사를 시행한 후 환자에게 림프종이 의심되자, 2008. 12. 11. 과 2008 12. 17.에 CT 검사를 하였고, 2008. 12. 12. 경부 림프절 절제 생검을 시행한 후, C병원 혈액내과에 조직검사를 의뢰하였다. 또한, 2008. 12. 16. 조직검사 중간 결과 림프종이 의심된다는 진단이 나오자 환자와 원고 측에게 설명하면서 최종진단이 나오면 항암치료를 필요로 한다는 설명을 하였다. 더불어 조직검사에 따른 정확

은 숫자의 종양성 세포가 빠르게 파괴되면서 세포 내의이온과 대사 부산물이 체순환으로 방출되면서 일어나고, 임상적으로 고칼륨혈증, 고인산증, 저칼시윰증, LDH(lactate dehydrogenase, 유산탈수효소)의 상승 및 급성신부전 등의 특징을 보임.

한 진단을 위해서 면역조직화학적 특수염색 검사가 필요하였는데, 검사결과가 나오기까지는 상당한 시간이 걸릴 수밖에 없는 점, 림프종이 확진되고 림프종 아형이 확인되기 전에 환자를 상대로 위험성이 높은 항암치료(또는 이를 위한 전원 조치)를 시행할 수는 없는 점, 2008. 12. 22. 환자의 증상이 말초 T세포 림프종으로 최종 진단되자 즉시 환자를 C병원으로 전원시킨 점 등을 볼 때 검사나 치료를 지연한 과실이 있다고 볼 수 없다(제1심).

T세포 림프종의 경우 국내에서 발생 빈도가 낮기 때문에 최종 결과를 내리는 데 많은 시간이 소요되어 경우에 따라 1개월 이상이 소요됨을 인정할 수 있는바, 이러한 점에 비추어 보면 피고가 조직 검사를 게을리 하여 진단을 뒤늦게 내린 과실이 있다고 할 수 없다(항소심).

나. C병원 혈액내과 의료진의 진료 상 과실 여부: 법원 불인정

(1) 원고 주장

C병원 의료진은 환자에 대하여 마취제인 미다졸람이나 리도카인을 투여하기 전에 환자나 보호자와 면담하고, 진료기록을 검토하고 환자의 병력을 조사하며 이학적 검사와 병리검사 등 사전조사를 충분히 실시하여야 함에도 이를 게을리 한 과실이 있다. 더불어 C병원 의료진은 마취제의 최초 투여량이나 추가 투여량, 총 투여량에 대하여 세심한 주의와 검토를 기울이지 않고 과도한 양을 투여하였고, 환자가 마취 후 의식을 회복할 수 있도록 필요한 처치를 다하지 않은 과실이 있다.

(2) 피고 주장

C병원 의료진은 적정량의 마취제를 사용하는 등 아무런 진료상의 과실이 없다고 주장한다.

(3) 법원 판단

환자는 이미 경부 림프절 조직검사와 면역조직화학적 특수염색 검사를 통해 말초 T세포 림프종의 확정 진단을 받아 말초 T세포 림프종의 병기를 정확히 확인하고 종양의 골수 전이의 유무를 파악하여 적절한 항암치료를 위해서는 골수검사가 불가피하였다. 하지만 기재된 사항만으로는 C병원 혈액내과 의료진이 사전조사를 충분히 실시하지 않은 채 환자에 대하여 마취제인 미다졸람이나 리도카인을 투여한 잘못이 있다고 보기 어렵다.

또한, 골수검사 후 3시간이 경과했음에도 환자가 의식을 회복하지 못하고 빈호흡과 저혈압 등을 보이자 담당 의료진은 이를 약물에 의한 진정효과로 보고 길항제인 플루마제닐(flumazenil)을 사용한 사실은 인정되나, 이러한 사실만으로는 C병원 혈액내과 의료진이 골수검사를 하면서 마취제를 과다 투여하였다거나 그로 인한 과민성 쇼크로 인해 환자가 사망에 이르게 되었다고 볼 수는 없다(제1심).

즉 환자가 고령이거나, 전신 상태가 좋지 않을 때에는 평소 용량의 20~30% 정도 감량하여 사용하는 것이 일반적인 기준으로 환자에 대한 미다졸람의 투여량이 일반적인 기준보다 많기는 하지만 진정 정도에 도달하기를 관찰하면서 조절한 점, 가벼운 호흡억제가 발생하였으나 산소투여로 회복된 점, 길항제인 프루마제닐로 역전을 시도하였을 때 반응이 없었던 점 등에 비추어서는 미다졸람의 과다 투여로 인하여 환자가 사망에 이르게 되었다고 인정하기에 부족하다(항소심).

다. C병원 의료진의 설명의무 위반 여부: 법원 인정

(1) 원고 주장

원고는, C병원 의료진은 마취 전 환자나 보호자에게 전신마취의 필요성, 위험성 등에 대해 설명하지 않았으며 환자의 자기결정권을 침해하였다고 주장한다.

(2) 피고 주장

피고는 환자가 말초 T세포 림프종이 전신에 침범하여 발생한 다발성 장기부전 등의 합병증으로 사망하였지, 미다졸람 등 마취제의 투여로 사망하지 않았으므로, 설명의무 위반에 의한 손해배상 의무가 없다고 주장한다.

(3) 법원 판단

환자는 이미 말초 T세포 림프종으로 진단받은 상태였고, 당시 환자의 백혈구가 90,000㎕ 정도로서 종양의 골수 전이를 시사하는 소견이 있었으며, 또한 LDH(lactate dehydrogenase, 유산탈수효소)가 많이 상승된 상태로 림프종의 불량한 예후 인자를 가지고 있었다. 이에 C병원 혈액내과 의료진으로서는 환자가 골수 검사를 받더라도 그 이후 병세가 급격히 악화되어 의식을 회복하지 못하고 사망에 이를 수 있는 가능성까지 고려했어야 했다. 그리고 환자와 보호자인 원고들에게 환자의 말초 T세포 림프종이 어느 정도로 악화된 단계 또는 병기에 있는 것으로 추정되는지, 그러한 병기의 진행 경과에서도 골수검사와 항암치료를 통해 충분히 소생할 가능성이 있는지 여부, 골수검사에 따른 위험성과 대처방안은 무엇인지 등에 대하여 구체적으로 설명하였어야 함에도 만연히 환자의 활력징후만을 토대로 특별히 문제될 것이 없다고 판단하고 환자의 골수검사를 시행하였다. 또한 환자는 림프종으로 인한 합병증으로 쇠약해진 상태에서 골수검사를 위하여 미다졸람을 투여받자 의식을 회복하지 못한 사실이 있으므로, 환자가 사망한 결과는 피고의 침습행위로 인한 것이라 할 수 있다. 이에 피고는 설명의무 위반으로 원고들에게 위자료를 지급할 의무가 있다.

3. 손해배상범위 및 책임 제한

가. 피고의 손해배상책임 범위: 위자료만 인정

(1) 청구금액: 279,795,676원
(2) 인용금액: 11,000,000원(위자료)

4. 사건 원인 분석

이 사건에서 환자는 복통으로 A병원에서 통원치료 중 응급실로 후송되어 CT검사 결과 복강내 출혈이 확인되어 피고 B병원으로 전원되었다. 피고 B병원에서는 A병원에서의 CT검사 결과를 근거로 골반 염증성 질환 등을 의심하여 항생제를 투여하였고, 초음파 검사를 실시하였다. 다음 날 퇴원 후, 다시 복통을 일으켜 피고 B병원 내과 외래를 거쳐 감염내과로 재입원하였고, 혈액검사 결과 백혈구 증가증, 염증반응물질의 상승 소견 및 A병원에서의 복부 CT에 대한 재판독 결과를 토대로 골반내 염증성 질환으로 진단되었고 항생제 치료를 시작하였다. 그 후 의료진은 환자의 복부 통증, 오한 및 발열 등의 증상이 호전되자 골반내 염증성 질환이 호전된 상태로 판단하였고, 환자의 오른쪽 경부에서 림프절 종대가 촉진되자 말초혈액도말검사를 시행하였다. 말초혈액도말검사에서 백혈구 증가증이 지속되고 비정형 림프구의 증가 소견이 관찰되자 경부와 흉추 CT를 촬영하였으며, 검사결과 경부 림프절과 폐 림프절의 림프종 침범이 의심되자 이비인후과에 협진을 의뢰하여 경부 림프절 절제 생검을 시행한 후, C병원 혈액내과에 조직검사를 의뢰하였다. 조직검사의 중간 소견상 림프종이 의심되나, 정확한 진단을 위하여 면역조직화학적 특수염색이 필요하다는 통보를 받았고 환자의 복통과 발열이 다시 발생하자 복부 CT 검사를 실시하였다. 그 결과 복강 내 다발성 림프절 병증 등이 관찰되었고, 조직검사 결과 '말초 T세포 림프종'으로 진단되자 B병원 감염내과 의료진은 환자를 C병원으로 전원하였다. C병원 혈액내과 의료진은 미다졸람을 먼저 5mg씩 4차례에 걸쳐 투여하고, 골수채취 부위에 부분마취제 리도카인을 투여한 후 골수검사를 하였는데 환자는 의식을 회복하지 못한 채 저혈압 증상을 보이다가 사망하였다. 이 사건과 관련된 문제점 및 원인을 분석해 본 결과는 다음과 같다.

마취제 투여에 따른 합병증에 대한 설명이 부족하였고, 의료인과 환자, 보호자 간에 의사소통이 미흡하였던 것으로 추정된다(〈표 10〉 참조).

〈표 10〉 원인분석

분석의 수준	질문	조사결과
왜 일어났는가? (사건이 일어났을 때의 과정 또는 활동)	전체 과정에서 그 단계는 무엇인가?	−마취설명 단계
가장 근접한 요인은 무엇이었는가? (인적 요인, 시스템 요인)	어떤 인적 요인이 결과에 관련 있는가?	• 의료인 측 −마취제 투여에 따른 합병증 대한 설명이 부족하 였음
	시스템은 어떻게 결과에 영향을 끼쳤는가?	

5. 재발방지 대책

〈그림 10〉 판례 10 원인별 재발방지 사항

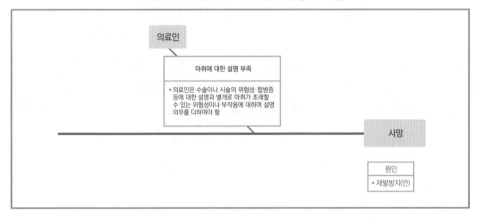

원인별 재발방지 대책은 〈그림 10〉과 같으며, 각 주체별 재발방지 대책은 아래와 같습니다.

(1) 의료인의 행위에 대한 검토사항

마취행위는 환자의 생명과 직결된 호흡과 순환 조절 등의 행위가 많고, 다양한 위험성을 내포하고 있는 등 적법한 환자의 승낙이 필요하기 때문에[19] 수술이나 시술의 위험성 및 합병증 등에 대한 설명과는 별개로 마취 자체에 관한 설명이 이루어질 필요성이 있다.[20] 특히 전신마취의 경우, 전신마취가 초래할 수 있는 위험성이나 부작용에 대해 의료인은 설명의무를 다하여야 한다.

---

19) 최재천. 판례를 통해 본 마취과 영역에서의 주의의무.『변호사』제29집. 서울지방변호사회. 1999. 239면

20) 심지연 외. 국내 마취동의서 실태. 대한마취과학회지. 제48권 제2호. 2005

판례 11. 수술 전 검사 및 경과관찰 소홀 등으로 인한 환자 사망 사건_
부산고등법원 2012. 6. 21. 선고 2011나9259 판결

　　27세 여자환자는 가슴확대 수술 전 별도로 혈액검사를 시행하는 대신 수술 당일 검사결과지를 지참하기로 하였으나 가져오지 않았다. 피고는 괜찮다는 환자의 말을 믿고 가슴확대술을 시행하였는데, 수술 중 호흡 및 맥박이 불규칙하여 응급조치 시행 후 전원하였으나 결국 사망하였다[울산지방법원 2011. 10. 27. 선고 2010가합6945 판결; 부산고등법원 2012. 6. 21. 선고 2011나9259 판결]. 이 사건의 자세한 경과는 다음과 같다.

1. 사건의 개요

날짜	시간	사건 개요
2009. 12. 30		• 피고 의원 내원하여 가슴확대수술에 대하여 상담함(환자 여자. 사고 당시 27세) • 가슴확대수술 받기로 결정함 • 환자가 H병원 임상병리과에서 근무하고 있는데 자가 검진 상 괜찮다는 대답을 듣고, 수술 전에 별도로 빈혈검사나 간수치 등을 확인하기 위한 혈액검사를 하지 않는 대신 수술 당일에 검사결과지를 가져오라고 함
2010. 1. 15	11 : 00	• 검사결과지를 지참하지 않고 내원하였음에도 검사 결과 문제없었다는 말만 믿고 수술 전 혈액검사, 심전도검사, 흉부방사선검사 등의 정밀검사를 하지 않은 채 가슴확대수술 시행함
	11 : 50	• 산소포화도 모니터만을 부착한 채 수면마취를 위해 항콜린제제인 카비눌 1앰플을 정맥주사함 • 정맥마취제인 프로포폴을 링거세트사이드를 통해 시간당 70cc씩 투약되도록 조절함
	12 : 00	• 수술부위 절개를 위해 우측 겨드랑이 부분에 국소마취제인 리도카인을 생리식염수에 혼합하여 4cc를 피하주사함 • 통증을 느끼면서 움직이자 프로포폴 2cc를 정맥주사함
	12 : 05	• 좌측 겨드랑이 부분에 국소마취제 4cc를 피하주사함

날짜	시간	사건 개요
2010. 1. 15		• 또 다시 통증으로 움직이자 진통제인 타마돌 1앰플을 정맥주사함 • 우측 겨드랑이 절개선을 따라 피부를 절개함 • 절개하자마자 산소포화도 모니터 울리며 산소포화도 88%로 저하됨
		• 자발호흡 계속 감소하자 산소마스크로 호흡을 시키면서 프로포폴의 투약을 중지함
	12 : 10	• 강심제인 에피네프린 1앰플을 정맥주사한 후 인공호흡을 계속 시도함
	12 : 15	• 일시적으로 자발호흡이 유지됨 • 산소포화도 96%, 맥박 140회/분
	12 : 20	• 산소포화도가 89~79%로 감소함 • 맥박 79회/분~140회/분으로 불규칙한 상태임
	12 : 25	• 기관내 삽관 시도함 • 호흡과 맥박이 계속 불규칙하여 심폐소생술 실시함
	12 : 30	• 도움을 청한 내과의사가 수술실에 도착하자 함께 심폐소생술과 기관호흡을 계속 시도함
	12 : 45	• 에피네프린 1앰플 주사함
	12 : 50	• 119 구급대에 연락함 • I병원으로 이송함
	13 : 05	• I병원 응급실에 도착함 • 심폐소생술을 계속 시도함
		• 상태가 회복되지 않음 • 사망

2. 쟁점별 당사자 주장과 법원의 판단

가. 약제 선택 및 투여에 따른 주의의무 위반 여부: 법원 불인정

(1) 원고 주장

　원고들은, 피고의사가 가슴확대수술을 시행하면서 전신마취제 및 진통제 등 약제를 선택할 때 환자에게 심장부정맥 및 심정지 등이 발생할 수도 있음을 예상하여 신중히 결정하고 투여해야 할 주의의무를 위반한 과실이 있다고 주장한다.

(2) 법원 판단

법원은 피고의사가 환자에게 투여한 프로포폴이나 타마돌 등 약제의 선택이나 투여량은 적정하였다고 판단하였다.

나. 수술 전 검사 및 경과 관찰을 각 소홀히 한 과실 여부: 법원 인정

(1) 피고 주장

피고들은, 환자는 개인의 신체생리학적인 특성에 따라 발생한 프로포폴 부작용으로 인한 심장부정맥(프로포폴 주입증후군)과 기왕증인 굴심방결절동맥 중간층 비대로 인한 심장부정맥으로 사망하였으므로, 피고의사에게 아무런 과실이 없다고 주장한다.

(2) 법원 판단

피고 의사는 환자에 대한 정밀검사를 하지 않은 채 프로포폴을 투여하였다. 프로포폴은 호흡억제의 부작용이 있어 사용 허용량의 범위 내에서 가능한 적은 양을 투여하여야 하며, 국소마취제인 리도카인을 함께 투여하였을 경우 심장부정맥 및 쇼크 등의 부작용이 가중될 수 있다. 피고의사는 리도카인 피하주사 후 통증을 느끼면서 움직이는 환자에게 프로포폴을 추가투여하였다. 이로 인해 환자에게 심장부정맥 및 쇼크 등의 부작용이 발생할 가능성이 높아진 점이 있다. 피고의사가 심전도 모니터링 기기 없이 수술을 진행한 결과, 환자에게 심장부정맥이 발생하였음을 빨리 인지하지 못하였고, 환자의 심장부정맥으로 인한 산소포화도 저하에 대하여 신속하게 대처하지 못하여 적절한 응급처치의 시기를 놓친 과실이 있다. 심장부정맥 상태가 발생할 위험성이 가중되어 있는 환자에게 마취 중 호흡상태와 순환상태 등을 지속적으로 주의 깊게 관찰하고, 이상증상이 발견되었을 때는 적절한 조치를 취할 주의의무가 있음에도 불구하고 이를 소홀히 하여 환자에게 다소 정확도가 떨어지는 산소포화도 모니터만을 부착한 채 수술을 시행하면서, 수술 중 환자의 호흡과 순환 상태를 지속적으로 관찰하지 않은 과실이 있다(제1심).

환자의 부검감정서의 기재에 의하면, 환자의 사망원인이 '프로포폴 부작용과 굴심방결절 중간층 비대 관련된 급성심장사로 추정됨'이라고 기재되어 있는 사실은 인정된다. 치료농도 범위의 프로포폴을 투여한 경우에도 환자 개인의 신체생리학적 특성에 따라 사망하는 사례가 있으며, 환자의 굴심방결정동맥 중간층 비대도 완전히 배제하기는 어려운 점 등을 이유로 사망 원인을 프로포폴 부작용과 굴심방결정 중간층 비대 관련된 급성심장사로 추정'하였다. 감정서는 환자의 사인에 관한 소견일 뿐 사망과 수술 전 검사 및 경과 관찰을 소홀히 한 과실 사이의 인과관계에 대한 내용을 기재한 것이라고 보기에는 어려운 점 등에 비추어 보면 피고의 주장은 받아들이기 어렵다(항소심).

다. 설명의무 위반 여부: 법원 인정

(1) 법원 판단

환자가 받은 가슴확대수술은 미용목적의 성형수술로서 환자의 선택권을 충분히 보장할 필요가 있다. 수술을 위한 마취의 부작용이 가능성은 적으나 발생 시에는 치명적일 수 있음을 고려하면, 피고의사는 수술 전에 모든 마취에는 알레르기성 반응이나 쇼크가 나타날 수 있다는 것과 같은 추상적인 설명 외에 구체적인 결과에 대하여도 주의 깊게 설명했어야 했다. 피고의사가 설명 시 수술의 필요성과 내용, 부작용 등에 관한 일반적인 설명 등을 한 사실은 인정되나 마취로 인한 부작용의 구체적인 결과에 대하여도 주의 깊게 설명함으로써 환자가 실질적인 선택권을 행사할 수 있도록 구체적으로 설명을 하였다는 점을 인정하기 부족하다.

3. 손해배상범위 및 책임 제한

가. 피고의 손해배상책임 범위: 60% 제한 → 50% 제한(항소심)

나. 제한 이유

(1) 피고의사가 수술 전 검사를 하지 않은 채 수술을 시행한 데에는 임상병리사인 환자가 직접 검사를 한 후 검사결과지를 가져오겠다고 하였음에도 수술 당일 가지고 오지 않은 채 검사결과 이상이 없다고 말하였던 것이 한 원인이었던 점

(2) 환자의 기왕증이 굴심방결절 중간층 비대는 급성심장사 사망기전에 있어 치명적인 부정맥 형성을 유발하는 심장전도계조직의 병변이므로 환자의 기왕증이 사망의 한 원인으로 보이는 점

(3) 피고의사는 환자에게 응급상황이 발생하자 즉시 인공호흡을 비롯한 심폐소

생술을 실시하면서 동료 의사에게 도움을 청하는 한편 즉시 119 구급대에 연락을 하는 등 나름대로 최선의 조치를 하고자 노력한 점

(4) 포로포폴은 임상에서 널리 사용되는 전신마취제로서 호흡억제와 같은 부작용이 발생할 수 있는데 피고의사가 환자에게 투여한 프로포폴의 양이 적정량을 넘지 않은 점

(5) 피고의사는 개인병원을 운영하는 의사로서 마취 부작용으로 인한 처치에 어려움이 있었을 것으로 보이는 점

다. 손해배상책임의 범위

(1) 청구금액: 296,732,880원[21]

(2) 인용금액: 276,155,336원

① 재산상 손해: 235,155,336원{(일실수입＋장례비)×60%}

　－ 일실수입: 388,925,563원

　－ 장례비: 3,000,000원

② 위자료: 41,000,000원

4. 사건 원인 분석

이 사건에서 환자는 피고의원에서 수술 전에 별도로 혈액검사를 하지 않고 수술 당일 검사결과지를 가져오기로 했으나 지참하지 않고 내원하였다. 피고는 괜찮다는 환자의 말만 믿고 수술 전 정밀검사를 하지 않은 채 가슴확대수술을 시행하였다. 피고는 환자에게 산소포화도 모니터만을 부착한 채 수면마취를 실시하였고, 리도카인을 피하주사하였는데 환자가 움직이자 프로포폴을 추가로 정맥주사하였다. 마찬가지로 좌측 겨드랑이 부분에도 국소마취제를 투여하였고 환자가 또 다시 통증으로 움직이자 진통제를 투여하였다. 피부를 절개하기 시작하자 환자의 산소포화도가 88%로 저하되기 시작하였고 자발호흡이 계속 감소하자 프로포폴의 투약을 중지하였다. 이후 환자의 산소포화도와 맥박은 불규칙한 상태에 이르렀고 피고가 기관내 삽관을 시

---

21) 원고가 항소하지 않아 제1심 청구금액이 가장 큰 금액임.

도하였다. 환자의 호흡과 맥박이 계속 불규칙하여 심폐소생술을 실시하였고, 도움을 청한 내과의사가 심폐소생술과 기관호흡을 계속 시도하면서 환자를 타병원으로 이송하였다. 타병원 응급실 이송 후에도 심폐소생술을 계속 시도하였으나 상태는 회복되지 않았고 사망하였다. 이 사건과 관련된 문제점 및 원인을 분석해본 결과는 다음과 같다.

첫째, 수술 시행 전 정밀검사를 시행하지 않은 점이다. 수술 시행 당일 환자는 검사 결과지를 지참하지 않고 내원하였음에도 수술 전 혈액검사나 심전도검사, 흉부방사선검사 등의 정밀검사를 하지 않은 채 수술을 시행한 문제점이 있다.

둘째, 피고의사가 운영하는 병원의 수술실에는 환자에게 부착한 산소포화도 모니터 외에는 심전도 측정기 등 수술 시 환자 상태를 측정할 만한 다른 측정기기가 없었다. 그렇기 때문에 환자에게 부정맥이 발생하였을 때 이를 신속하게 인지하지 못하였고, 신속한 대처와 적절한 조치가 이루어지지 않았다. 또한 수술 중 환자의 호흡과 순환 상태를 지속적으로 관찰하지 않았다(〈표 11〉 참조).

〈표 11〉 원인분석

분석의 수준	질문	조사결과
왜 일어났는가? (사건이 일어났을 때의 과정 또는 활동)	전체 과정에서 그 단계는 무엇인가?	－ 수술 전 검사 단계 － 수술 단계
가장 근접한 요인은 무엇이었는가? (인적 요인, 시스템 요인)	어떤 인적 요인이 결과에 관련 있는가?	• 환자 측 － 수술 전 검사결과지를 가져오지 않음 • 의료인 측 － 수술 전 사전 정밀검사(혈액검사, 심전도검사, 흉 부방사선검사)를 실시하지 않음 － 수술 중 환자의 활력징후에 대한 세심한 관찰을 하지 않음
	시스템은 어떻게 결과에 영향을 끼쳤는가?	• 의료기관 내 － 산소포화도 모니터 이외에 환자 상태 측정할 감시 장비 미비

5. 재발 방지 대책

<그림 11> 판례 11 원인별 재발방지 사항

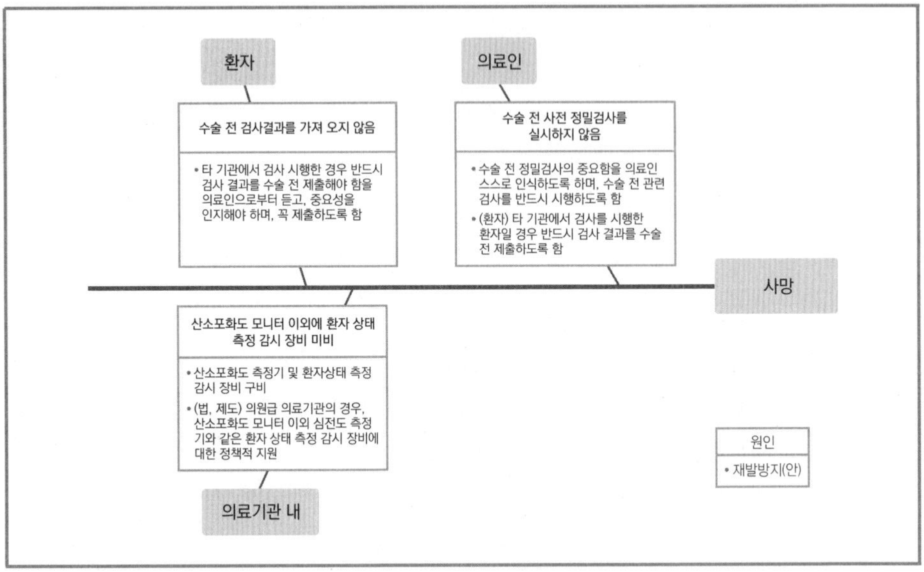

원인별 재발방지 대책은 <그림 11>과 같으며, 각 주체별 재발방지 대책은 아래와 같다.

(1) 의료인의 행위에 대한 검토사항

의료인은 특히 전신마취를 하는 수술을 실시하기 전에, 수술 전 환자에 대한 혈액검사, 심전도검사, 흉부방사선검사 등의 정밀검사를 반드시 시행하여야 한다. 더불어 환자가 타 기관에서 검사를 시행한 경우 반드시 검사 결과를 수술 전 제출하도록 하고, 결과를 확인하여야 한다.

(2) 의료기관의 운영체제에 관한 검토사항

마취를 시행하는 기관으로서 산소포화도 측정기 및 환자 상태 측정 감시 장비를 의료기관 스스로 구비하는 것이 필요하다.

(3) 국가 및 지방자치단체 차원의 검토사항

(가) 환자 상태 측정 감시 장비 정책적 지원

의원급 의료기관의 경우 산소포화도 모니터 이외 심전도 측정기와 같은 환자 상태를 측정할 수 있는 감시 장비를 구비하기 어렵기 때문에 이에 대한 정책적 지원이 필요하다.

(나) 의료인들간 해당 사례 공유 및 증례 중심의 교육

학회 내에서 해당 사례를 동일 진료를 행하는 의료인들과 공유하고, 비슷한 의료사고를 방지하기 위한 증례중심 교육을 실시하도록 한다.

전신마취 관련 판례

제3장   전신마취 관련 판례

판례 12. 전신마취 후 경과관찰 및 전원조치 소홀로 인한 저산소성 뇌 손상 발생 사건_서울남부지방법원 2013. 5. 21. 선고 2011 가합13693 판결

38세 남자환자는 관혈적 정복술 및 금속핀 고정술을 위해 전신마취를 시행하였다. 수술이 끝난 후 기도삽관을 유지한 상태로 회복실로 옮겨졌고, 환자 상태의 변화가 발생하였다. 응급조치를 시행하고 타병원으로 이송하였으나 환자는 저산소성 뇌손상을 입은 사건이다[서울남부지방법원 2013. 5. 21. 선고 2011가합13693 판결]. 이 사건의 자세한 경과는 다음과 같다.

1. 사건의 개요

날짜	시간	사건 개요
2006. 3. 19		• 계단에서 넘어진 후 왼쪽 어깨 통증을 호소하며 피고 병원에 내원 (환자 남자. 사고당시 38세) • 피고 병원 소속 정형외과 전문의는 방사선촬영 검사결과 좌측 쇄골 원위부 골절로 진단함
2006. 3. 20		• 수술 위해 입원하여 혈액검사, 소변검사, 심전도검사 등 수술 전 검사 시행

날짜	시간	사건 개요
2006. 3. 24	10 : 50	• 수면진정제인 펜토탈 400mg, 근이완제인 석시닐콜린 80mg을 주사한 후 기관내 삽관함 • 전신마취제인 이산화질소, 할로테인, 엔플루레인을 흡입시키는 방법으로 흡입 전신마취 시행 • 관혈적 정복술 및 금속핀 고정술 실시
	13 : 30	• 수술 종료
	13 : 45	• 마취 종료
	14 : 00	• 기도 삽관 유지 상태로 회복실로 옮김. 산소 10L 주입하였는데 산소포화도 91%, 혈압 129/71mmHg, 맥박은 90회/분이었음. 의식은 졸리운 상태로 얕은 호흡함 • 3L로 줄이자 산소포화도는 89% 내지 90%로 떨어졌고, 그에 따라 10L로 올리자 94% 됨. 이에 의료진은 앰부배깅을 실시하고, 아트로핀, 에피네프린을 정맥 주사함
	14 : 50	• 산소포화도 97%, 맥박은 134회/분임
	15 : 00	• 산소포화도 99%, 혈압은 80/60mmHg임
	15 : 05	• 타병원으로 이송 결정 • 도파민을 정맥 주사한 후 사무장의 승용차 이용하여 이송 • 타병원 도착 당시 혈압은 89/50 mmHg, 맥박은 110회/분이었고, 의식상태는 기면상태로 약간 의식이 처지고 졸리운 상태였음 • 심폐소생술을 시행하였고, 수 차례의 혈압 및 산소포화도 저하 후에 안정을 되찾았으나 저산소성 뇌손상을 입음

2. 쟁점별 당사자 주장과 법원의 판단

가. 마취에 있어서 과실의 유무에 대한 판단: 법원 인정

(1) 법원 판단

전신마취 및 회복과정에 있어서 원고의 상태를 주의 깊게 관찰하고 만일 이상이 발생한 경우에는 즉시 응급조치를 하거나 구급차를 이용하여 상급병원으로 전원할 주의의무가 있음에도 불구하고 이를 위반하였다. 이로써 저산소성 뇌손상을 초래하여 원고에게 장애가 발생한 것으로 추정할 수 있으며, 피고는 불법행위자로서 원고가

이 사건 사고로 인하여 입은 손해를 배상할 책임이 있다.

3. 손해배상범위 및 책임 제한

가. 피고의 손해배상책임 범위: 50% 제한

나. 제한 이유

(1) 원고는 좌측 쇄골 골절을 치료할 필요가 있었고, 전신마취가 필수불가결 하였던 점

(2) 피고 병원 의료진이 이 사건 수술 직후부터 전원시까지 원고에 대하여 기관지 삽관 유지, 산소공급, 강심제 투여 등 응급처치를 하려고 노력하였던 점

다. 손해배상책임의 범위

(1) 청구금액: 208,929,456원

(2) 인용금액: 103,627,363원

    ① 재산상 손해: 91,627,363원{(일실수입＋기왕치료비＋향후치료비＋개호비)×50%}

      – 일실수입: 139,213,761원

      – 기왕치료비: 20,000,000원

      – 향후치료비: 14,325,270원

      – 개호비: 9,715,695원

    ② 위자료: 12,000,000원

4. 사건 원인 분석

이 사건에서 환자는 계단에서 넘어진 후 왼쪽 어깨 통증을 호소하며 피고 병원에 내원하였으며, 좌측 쇄골 원위부 골절로 진단받았다. 수술 전 검사 시행 후 기관내 삽관 및 흡입 전신마취를 실시하였으며, 관혈적 정복술 및 금속핀 고정술을 시행하였다. 수술을 마친 다음 기도 삽관을 유지한 상태로 산소를 주입 중이었으나 산소

포화도가 89% 내지 90%까지 떨어졌으나 산소를 투여하였음에도 호전이 없어 병원 사무장의 승용차를 이용하여 타 병원으로 이송하였다. 타 병원 도착 당시 89/ 50mmHg, 맥박 110회/분이었고, 의식상태는 기면상태로 약간 의식이 처지고 졸리운 상태였다. 심폐소생술을 시행하였고, 수차례의 혈압 및 산소포화도 저하 후에 안정을 되찾았으나 저산소성 뇌손상을 입게 되었다. 이 사건과 관련된 문제점 및 원인을 분석해본 결과는 다음과 같다.

환자의 수술 후 회복 지연에 대한 대체 및 응급처치가 미흡하였다. 이 사건의 경우 이미 산소포화도가 떨어진 환자를 타병원으로 전원 시 심폐기능을 모니터링하며 산소공급이 가능한 구급차를 이용하여야 함에도 불구하고, 피고 병원 사무장의 승용차에 환자를 태워 이송하였다(〈표 12〉 참조).

〈표 12〉 원인분석

분석의 수준	질문	조사결과
왜 일어났는가? (사건이 일어났을 때의 과정 또는 활동)	전체 과정에서 그 단계는 무엇인가?	− 수술단계, 수술 후 관찰단계 − 전원단계
가장 근접한 요인은 무엇이었는가? (인적 요인, 시스템 요인)	어떤 인적 요인이 결과에 관련 있는가?	• 의료인 측 − 응급상황에 대한 대처 미흡(적절한 의료기구가 비치된 특수 구급차가 환자를 이송할 것인지 확인하지 않음)
	시스템은 어떻게 결과에 영향을 끼쳤는가?	

5. 재발방지 대책

〈그림 12〉 판례 12 원인별 재발방지 사항

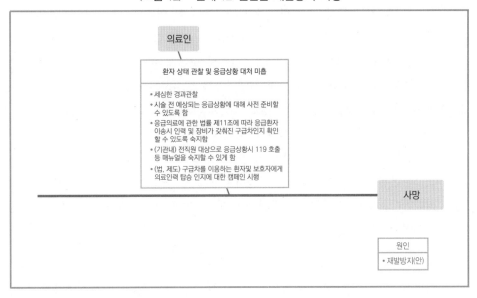

원인별 재발방지 대책은 〈그림 12〉와 같으며, 각 주체별 재발방지 대책은 아래와 같다.

(1) 의료인의 행위에 대한 검토사항

(가) 마취환자에 대한 세심한 경과관찰 및 감시 필요

마취환자의 마취회복업무를 담당하는 의사는 마취환자가 수술 도중 특별한 이상이 있었는지를 확인하여 특별한 이상이 있었던 경우에는 보통 환자보다 더욱 감시를 철저히 하여야 한다. 또한 마취환자의 의식이 완전히 회복될 때까지 주위에서 관찰하거나 적어도 환자를 떠날 때는 환자를 담당하는 간호사를 특정하여 그로 하여금 환자의 상태를 계속 주시하도록 하여 만일 이상이 발생한 경우에는 즉시 응급조치가 가능하도록 할 의무가 있다(대법원 1994. 4.26. 선고 92도3283 판결 참조).

(나) 응급환자 이송 시 이송에 적절한 구급차인지 확인 필요

의료인은 전원 과정에서 응급환자의 안전한 이송에 필요한 인력 및 의료장비가 갖춰진 구급차 등을 확인해야 할 의무가 있다(응급의료에 관한 법률 제11조(응급환자의 이송).

(2) 의료기관의 운영체제에 대한 검토사항

의료기관 또한 의료인과 마찬가지로 응급환자의 안전한 이송에 필요한 인력 및 의료장비가 갖춰진 구급차 등을 확인하고 제공해야 할 의무가 있다. 의료기관은 환자를 전원 보낼 때 이송에 필요한 서류뿐만 아니라 인력 및 구급차에 대한 매뉴얼 및 체크리스트를 만들어 이중으로 확인하는 시스템으로 개선하고 교육하는 것이 필요하다. 더불어 전원절차에 대한 기관 내 자체평가를 실시하는 것을 통해 의료기관 스스로 안전한 이송을 위해 노력해야 한다.

「응급의료에 관한 법률」 시행규칙 제4조 제1호의 "적절한 이송수단의 제공 또는 알선"이란, 환자의 중등도에 따라 일반구급차 또는 특수구급차를 제공하거나 다른 구급차등의 운용기관과 협력체계를 구축하여 필요시 구급차를 요청할 수 있게 해야 함을 의미한다. 의료기관에서는 응급환자 발생 시 이송수단의 제공 또는 알선에 책임을 다하여야 한다.

(3) 국가 및 지방자치단체 차원의 검토사항

국가 및 지방자치단체 차원에서는 구급차를 이용하는 환자 및 보호자의 의료 인력 탑승에 대한 인식 부족을 해결하기 위해, 구급차 이용 시 응급구조사와 같은 의료 인력이 탑승해야 함을 알리는 응급의료에 대한 기본 교육 캠페인 시행이 필요하다.

┃ 참고자료 ┃ 「응급의료에 관한 법률」에 따른 기본 사항1)

1. 의료인은 「응급의료에 관한 법률」 제11조 제1항에 따라 해당 의료기관의 능력으로는 응급환자에 대하여 적절한 응급의료를 할 수 없다고 판단한 경우 전원을 결정하고, 지체 없이 그 환자를 적절한 응급의료가 가능한 다른 의료기관으로 이송하여야 한다.

2. 전원은 「응급의료에 관한 법률」 제2조 제2호의 "응급의료"에 해당하며, 동법 제9조 및 동법 시행규칙 제3조에 따라 환자 또는 그 법정대리인의 동의를 받아야 한다.

3. 이송수단의 제공과 이송받을 의료기관에 대한 통보 및 송부사항은 「응급의료에 관한 법률」 시행규칙 제4조, 제39조의2에 따른다. 이 경우 편리한 사진 전송 등을 위해 응급 의료통합업무환경(EDUP)을 설치하여 활용할 수 있다.

4. 의료기관의 장은 응급환자의 안전한 이송에 필요한 의료기구와 인력을 제공하여야 하며, 이송 받는 의료기관에서 인계받기 전까지는 보내는 의료기관에서 책임을 진다.

---

1) 국립중앙의료원 중앙응급의료센터. (2013). 안전한 병원 간 전원을 위한 응급환자 이송지침.

판례 13. 맹장염 수술 후 경과관찰 소홀 및 응급상황 조치 미흡에 따른 사망 사건_의정부지방법원 2014. 2. 14. 선고 2011가합 3913 판결

전신마취로 맹장염 수술을 시행한 후 중환자실로 옮겨진 33세 남자환자는 호흡 곤란을 호소하였고 응급처치를 시행하였으나 사망한 사건이다[의정부지방법원 2014. 2. 14. 선고 2011가합3913 판결]. 이 사건의 자세한 경과는 다음과 같다.

1. 사건의 개요

날짜	시간	사건 개요
2011. 1. 21	14 : 00	• 복부초음파 검사를 받고 맹장염으로 진단받음(환자 남자. 사고당시 33세) • 흉부방사선 검사, 심전도 검사, 수술 전 혈액검사 및 소변검사 실시하여 문제 없음 확인 후 수술실 입실
	17 : 15	• 마취의는 리도카인, 프로포폴, 에스메론을 주사하여 기관내 삽관을 하고, 세보플루란을 이산화질소 및 산소와 함께 기관내로 주입하는 전신마취 실시 • 집도의는 수술시작
	18 : 18	• 수술 중 마취의는 마취전문간호사에게 "환자가 회복실로 올라가면 전화하라" 지시한 후 수술실에서 나옴
	18 : 24	• 마취의 저녁먹기 위해 병원 나감
	18 : 31	• 집도의 수술실에서 나옴
	18 : 45	• 집도의 퇴근
	18 : 50	• 세보플루란 주입 멈추고 환자 자발호흡 유도함 • 근이완 효과를 전화시키기 위해 로비놀, 피리놀 정맥주사
	18 : 53	• 수술실 밖으로 나옴
	18 : 59	• 중환자실로 옮김 • 기관에 삽입된 관 제거 • 혈압 135/85mmHg, 맥박 63회, 호흡수 20회. 체온 35.9℃

날짜	시간	사건 개요
2011. 1. 21	19 : 02	• 가슴을 쥐어뜯으며 호흡곤란 호소
	19 : 05	• 간호조무사가 활력징후 측정 • 혈압 133/80, 맥박 56회. • 산소 15L 주입 • 응급실에 있던 당직의를 호출한 후 하악거상으로 기도확보 후 기관내 삽관 준비함
	19 : 07	• 청색증 및 동공 확장, 호흡음 없음을 당직의 확인 • 기관내 삽관 후 앰부배깅으로 15L 산소 공급
	19 : 13	• 맥박소실로 심장마사지 및 에피네프린, 아트로핀, 도파민 주사함 • 제세동기 이용하여 20여분 동안 심장마사지 지속함 • 간호사가 주기적으로 가래 제거함
	19 : 25	• 산소포화도 40내지 50%
	19 : 35	• 사망

2. 쟁점별 당사자 주장과 법원의 판단

가. 수술 후 경과관찰에 대한 주의의무 소홀 여부: 법원 인정

(1) 법원 판단

마취의는 환자에 대한 경과관찰을 하지 않았을 뿐만 아니라 응급상황에 취하여야 할 처치에 대해서도 아무런 지시를 하지 않았다. 전신마취와 정맥주사 투여 등 회복과정에 관한 업무를 수행하여야 하는 마취전문간호사도 환자가 중환자실로 옮겨질 무렵부터는 경과관찰을 하지 않은 과실이 있다.

의료진은 의료행위가 종료된 이후에 그 의료행위의 적정성 여부를 판단하기에 충분할 정도로 상세하게 진료기록을 작성할 의무가 있음에도 불구하고, 수술실에서 나온 이후부터 19 : 25경 이전까지 산소포화도는 측정된 바 없다. 더불어 19:07경까지 마취상태에서 회복 중인 환자에게서 추론 가능한 합병증에 대한 응급조치는 제대로 이루어지지 않았다. 위와 같이 경과관찰을 소홀히 하여 환자의 호흡곤란에 즉시 대처하지 못한 과실로 망인이 사망하였다고 추정할 수 있다.

3. 손해배상범위 및 책임 제한

가. 피고의 손해배상책임 범위: 60% 제한

나. 제한 이유

(1) 이 수술을 위한 전신마취는 불가피한 점

(2) 환자의 사인으로 추정되는 성대문연축에 의한 기도폐쇄에 대하여는 피고병원 의료진의 과실이 있다고 보기 어려운 점

(3) 호흡곤란 증상을 호소한 때부터 약 5분 가량이 경과한 시점에서 적절한 조치가 이루어졌던 점

다. 손해배상책임의 범위

(1) 청구금액: 444,276,070원

(2) 인용금액: 216,037,698원

　① 재산상 손해: 199,194,246원{(일실수입＋장례비)×60%}

　　－ 일실수입: 326,990,410원

　　－ 장례비: 5,000,000원

　② 위자료: 17,000,000원

4. 사건 원인 분석

이 사건에서 환자는 피고 병원에서 맹장염을 진단받고 전신마취 후 수술을 받았다. 마취의는 마취전문간호사에게 환자가 회복실로 올라가면 전화하라고 지시한 후 퇴근하였고, 환자는 수술실을 나와 중환자실로 옮겨졌는데 그 사이 기관에 삽입된 관이 제거되었다. 기침을 하고 가래를 뱉으라는 권유를 하고, 복대를 채워줬으나 환자는 가래를 뱉지 못하였다. 갑자기 가슴을 쥐어뜯며 호흡곤란을 호소하였고, 중환자실에 혼자 있던 조무사 실습학생으로부터 연락받은 간호조무사가 활력징후를 확인하였다. 산소 15리터가 주입되었으나 앰부배깅에 의하여 산소가 공급된 것은 아니었다. 이후 기관내 삽관을 하고 앰부배깅으로 15리터 산소를 공급하였음에도 혈압이 측정

되지 않아 심장마사지를 개시하여 지속하였으나 환자는 사망하였다. 이 사건과 관련된 문제점 및 원인을 분석해본 결과는 다음과 같다.

첫째, 수술 후 경과관찰을 소홀히 하였다. 마취의는 환자에 대한 경과관찰 및 응급상황에 취하여야 할 처치에 대하여 지시를 하지 않았으며, 마취전문간호사도 환자가 중환자실로 옮겨질 무렵부터는 경과관찰에 소홀했다. 뿐만 아니라 환자가 수술실에서 나온 이후부터 산소포화도는 측정된 바가 없어 의료행위의 적정성 여부를 판단하기에 진료기록이 미흡하다.

둘째, 응급상황 발생 시 응급조치가 제대로 이루어지지 않았다. 만약 마취의가 환자의 전신마취 회복과정을 주위에서 직접 관찰하였거나 다른 의사나 간호사를 특정하여 관찰하도록 하였다면 환자에게 발생한 호흡곤란에 대하여 이 사건에서 이루어진 조치보다 조속하게 기관 내 삽관, 앰부배깅, 심폐소생술 등의 조치가 이루어져, 환자가 사망에 이르지 않았을 충분한 개연성이 있다고 보인다.

셋째, 의료진 간 의사소통이 미흡하였다. 당직의는 수사기관에서 "만약 전신마취 한 수술 환자가 있다는 사실을 통보받았고 다른 의사가 없었다면 직접 환자에게 가서 환자의 호흡, 혈압, 맥박, 체온, 산소포화도를 확인하고 환자의 의식이 분명한지 여부를 알기 위하여 환자에게 말을 걸어보거나 꼬집어보는 등의 조치를 취했을 것"이라는 취지로 진술하였다(〈표 13〉 참조).

〈표 13〉 원인분석

분석의 수준	질문	조사결과
왜 일어났는가? (사건이 일어났을 때의 과정 또는 활동)	전체 과정에서 그 단계는 무엇인가?	−수술 후 회복단계
가장 근접한 요인은 무엇이었는가? (인적 요인, 시스템 요인)	어떤 인적 요인이 결과에 관련 있는가?	• 의료인 측 −수술 후 경과관찰에 대한 주의의무 소홀함 −응급상황 발생 시 응급조치가 제대로 이루어지지 　않음 −의료진 간 의사소통 미흡
	시스템은 어떻게 결과에 영향을 끼쳤는가?	

5. 재발방지 대책

〈그림 13〉 판례 13 원인별 재발방지 사항

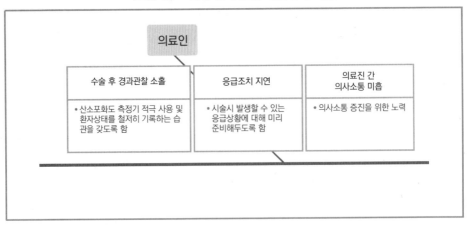

원인별 재발방지 대책은 〈그림 13〉과 같으며, 각 주체별 재발방지 대책은 아래
와 같습니다.

(1) 의료인의 행위에 대한 검토사항

(가) 수술 후 경과관찰 시 환자감시장치 사용 및 기록 작성

환자감시 장비와 경고장치를 적절하게 활용하여 마취과 의사의 환자 감시 능력을 보완해 주어야 한다.[2] 많은 마취사고가 저산소혈증으로 초래되고 저산소혈증은 환기의 불충분으로 일어나기 때문에 혈액의 산소화정도의 측정(맥박산소포화도 측정기)과 환기상태의 효과적 측정(호기말 이산화탄소분압 측정기)은 저산소혈증으로 인해 환자의 생리적 상태가 변하기 전 마취과 의사가 문제를 발견할 수 있게 할 수 있다. Cheney[3]도 최근 환자감시장치로서 맥박산소포화도 측정기와 호기말 이산화탄소분압 측정기를 사용한 경우, 사용하지 않은 경우에 비해 불충분한 환기로 인해 발생한 마취사고의 빈도를 현저히 감소시켰음을 보고하였다. 따라서 지속적이고 비침습적 방법으로 혈액 내 산소화와 환기의 정도를 측정할 수 있는 환자감시 장치는 임상마취분야에서 일반적으로 사용될 수 있어야 하며, 이것이 예방이 가능한 마취사고를 줄이는데 결정적 역할을 할 수 있다.

그리고 마취 전 환자의 상태, 마취 중과 마취 후 회복 시까지의 환자상태 변화와 시행한 검사 및 처치한 내용에 대한 정확하고 자세한 기록은 분쟁 발생 시에 사고원인을 규명하는데 부검소견과 더불어 큰 도움을 줄 수 있다. 뿐만 아니라 의료인을 방어할 수 있는 매우 중요한 증거자료이기 때문 의료인은 자신이 행한 의료행위에 대해 철저히 기록하는 습관을 가질 필요가 있다.[4]

(나) 의료진간 의사소통 증진

본 사건에서 당직의가 환자의 중환자실 입실여부를 사전에 알고 있었더라면 응급상황에 빠른 대처를 할 수 있었을 것으로 생각된다. 이에 환자진료에 있어 팀원 간 효과적인 의사소통의 중요성을 인정하고 의사소통을 증진시키기 위하여 노력하여야 한다.

2) Keenan RL, Boyan CP. (1985). Cardiac arrest due to anesthesia. A study of incidence and causes. JAMA, 253. 2373−7.
3) Cheney FW. (1996). The changing patterns of anesthesia−related adverse events. American society of anesthesiologists. Newsletter; 60(6). 10−13.
4) 권무일. (2004). 유형별로 본 마취 관련 의료사고와 예방책. 대한마취과학회지, 46. 83−90.

┃참고자료┃ 사건과 관련된 의학적 소견5)

1. 전신마취 후 회복단계

마취에서 깨어나 단순한 명령에 순응할 수 있을 때까지를 최초 단계로, 회복실을 떠나도 좋을 만큼 인지기능과 정신운동 기능의 회복을 보일 때까지를 중간 단계로, 완전히 전신마취 전 상태로 돌아가 평상시의 모든 기능을 수행 가능하게 되었을 때를 최종 단계로 구분할 수 있다. 외래마취 환자를 대상으로 회복실 퇴실에 소요되는 시간에 대한 연구에 의하면, 충분한 의식회복에 15분 내지 30분이 소요되었고, 마취 후 회복 척도가 10점이 되고 환자 스스로 5m 가량의 일직선 거리를 타인의 도움 없이 똑바로 걸을 수 있는 상태를 중간 단계 회복으로 정의하였을 때 중간 단계 회복까지 50분 내지 100분이 소요되었다.

2. 전신마취 후 합병증과 성대문연축에 따른 기도폐쇄

(1) 전신마취 후 합병증

전신마취 후 회복단계에서는 순환기계 합병증을 저혈압, 고혈압, 허혈성 심장질환, 부정맥 등이 호흡기계 합병증으로 저환기, 저산소증, 기도폐쇄 등이 발생할 가능성이 있다.

위 합병증 중 저환기는 전신마취 시 사용하는 흡입마취제 등이 중추신경계를 억제하여 호흡기능을 제한함에 따라 발생하므로, 이 경우 환자가 호흡을 위하여 노력하는 양상을 보이지 않는다.

기도폐쇄는 마취제의 효과로 인한 이설근의 긴장 저하에 따라 인두와 혀에 의하여 기도가 폐쇄되는 경우, 각성 중 기도 내 분비물이 기도로 흡인되는 것에 대한 기도의 보호반응으로 후두의 외부 근육들이 불수의적으로 수축하는 성대문연축에 따른 경우, 후두나 후두 주변을 수술함에 따라 발생하는 후두 부종에 의한 경우, 폐쇄수면 무호흡 등으로 그 원인을 나누어 볼 수 있다.

(2) 성대문연축에 따른 기도폐쇄

성대문연축에 따른 기도폐쇄의 경우 호흡을 하기 위한 환자의 적극적인 노력이 관찰되지 않는 인두와 혀에 의한 기도폐쇄와 폐쇄수면 무호흡의 경우와 달리 어느 정도 의식이 회복되고 근이완이 완화되어 자가 호흡이 돌아온 상태에서도 발생할 수 있고, 자가호흡 상태에서 성대문

---

5) 해당 내용은 판결문에 수록된 내용임.

연축이 발생하면 질식 상태가 유발·악화되며 반사적으로 숨을 들이쉬기 위한 강한 노력을 하게 되므로 흉곽 내 과도한 음압 형성으로 폐부종이 발생할 수 있는바, 이 상태에서 폐울혈, 심비대, 상행대동맥 확장 등이 관찰된다.

성대문연축에 의한 기도폐쇄 환자에 대한 치료 방법으로는 머리위치를 교정하고 하악거상을 하거나 인두 내 분비물을 제거하고 기도유지를 하면서 높은 양압을 가하는 방법으로 인공호흡을 시키는 것이고, 이와 같은 과정을 반복적으로 시행하였으나 효과가 없는 경우에는 근이완제를 투여하여 후두근을 이완시키고, 또 기관 내 삽관을 하는 방법이 알려져 있다.

만약 성대문연축이 임계시간(critical time)인 4-5분 안에 완화되지 않고 지속될 경우 허혈성 손상을 입거나 사망할 수도 있다.

3. 급성심장사(Sudden Cardiac Death)

급성심장사란 해부학적인 심장의 병변 유무와 관계없이 외부적 원인 없이 사망 시간이나 양상을 전혀 예상하지 못한 상태에서 급성 증상이 발생하여 1시간 내에 의식소실과 함께 심장의 이상으로 사망한 경우를 가리킨다.

제4장

부위마취 관련 판례

부위마취 관련 판례

판례 14. 경막외마취 시행 전 검사소홀에 따른 환자상해 사건_서울남부지방법원 2012. 1. 31. 선고 2010가합13160 판결

환자는 경막외마취 하에 건봉합술 및 근육봉합술을 받았다. 수술 중 마취과 전문의는 로비눌, 에페드린, 프로포폴, 도프람, 솔루코테프를 투여하였고, 수술 직후 환자는 혼수상태에 빠졌다. 이후 응급처치를 시행하였으나 호전이 없어 타병원으로 전원하였고, 10개월 가량 치료 후 상태 호전 없어 현재까지 치료 중인 사건이다[서울남부지방법원 2012. 1. 31. 선고 2010가합13160 판결]. 이 사건의 자세한 경과는 다음과 같다.

1. 사건의 개요

날짜	시간	사건 개요
2007. 5. 3	17 : 05	• 만취 상태에서 땅에 넘어지면서 유리조각에 오른쪽 다리를 찔림(환자 여자)
	20 : 30	• A병원을 경유하여 피고병원에 입원
2007. 5. 4	10 : 00	• 2%리도카인 12ml와 0.5% 푸카인 8ml를 혼합하여 경막외마취 하에 건봉합술 및 근육봉합술 받음
		• 수술 도중 로비눌, 에페드린, 프로포폴(120ml), 도프람, 솔루코테프를 주사함

날짜	시간	사건 개요
2007. 5. 4		• 수술 직후 혼수상태에 빠짐
	11 : 20	• 기관내 삽관과 심폐소생술, 인공호흡을 실시하고, 아트로핀, 에피네프린 등을 투약했으나 호전 없어 B병원으로 전원함
		• 전원 당시 의식혼수, 사지마비 상태였음
		• 이후 10개월 가량 치료를 받았으나 상태가 호전되지 않아 재활병원, 요양병원으로 전원한 후 현재까지 입원 치료 중임

2. 쟁점별 당사자 주장과 법원의 판단

가. 마취 전 검사를 소홀히 한 주의의무 위반 여부: 법원 인정

(1) 법원 판단

피고 병원 의료진은 척추수술 병력이 있는 원고에게 경막외마취를 시행하면서 마취전 검사를 소홀히 하였으며, 경막외마취를 하면서 카테터를 경막외에 정확하게 삽입하여야 할 주의의무를 소홀히 하여 카테터를 경막하에 삽입하는 바람에 국소마취제가 경막하로 투여되어 경막하마취가 된 것으로 보인다. 이에 경막외마취 시 저항소실법을 위하여 사용한 공기가 경막하로 들어가 기뇌증이 발생하였다. 경막하마취가 되면 마취부위나 마취시작시간, 마취기간 등을 예측하기 힘들어 수술이 끝난 후 갑자기 심한 저혈압과 고부위마취로 인하여 호흡마비나 순환장애 등이 동시에 동반될 수 있다. 원고에게 마취 중 이러한 증상이 나타났음에도 신속히 적절한 응급조치를 하지 않음으로써 결과적으로 저산소성 뇌손상에 이른 것으로 추정할 수 있다.

3. 손해배상범위 및 책임 제한

가. 피고의 손해배상책임 범위: 60% 제한

나. 제한 이유

(1) 원고에게 과거 척추수술, 개두술 등의 병력이 존재하고, 이러한 병력의 존재가 이 사건 수술의 난이도나 수술 후 부작용의 발생확률 및 손해의 범위 등에 일정

부분 기여하였을 것으로 보이는 점

(2) 피고는 수술 후 원고에게 기관내 삽관, 심폐소생술 등을 시행하며 원고의 회복을 위하여 노력한 점

다. 손해배상책임의 범위

(1) 청구금액: 568,941,419원

(2) 인용금액: 111,160,550원

① 재산상 손해: 76,160,550원{(일실수입＋향후치료비＋향후개호비＋기왕 치료비－공단부담금)×60%}

－ 일실 수입: 138,814,613원

－ 향후치료비: 92,701,134원

－ 향후개호비: 76,481,423원

－ 기왕치료비: 32,302,766원

－ 공단부담금: 128,019,411원

② 위자료: 35,000,000원

4. 사건 원인 분석

이 사건에서 환자는 만취 상태에서 땅에 넘어지면서 유리조각에 오른쪽 다리를 찔리는 사고로 다른 병원을 경유하여 피고 병원에 입원하였으며, 경막외마취 하에 건 봉합술 및 근육봉합술을 받았다. 마취과 전문의는 수술 도중 환자에게 로비눌, 에페 드린, 프로포폴(120mg), 도프람, 솔루코테프를 투여하였고, 수술 직후 환자는 혼수상 태에 빠졌다. 이 후 환자에게 기관내 삽관, 심폐소생술, 인공호흡을 실시하고 아트로 핀, 에피네프린 등을 주입하였으나 호전되지 않아 타 병원으로 전원하였다. 전원되었 을 당시 환자는 의식혼수, 사지마비 상태였으며, 생체징후는 비교적 안정적이었으나 자발호흡이 미약하여 응급실에서 인공호흡기를 장착하고 10개월가량 치료를 받았다. 상태가 호전되지 않아 재활병원, 요양병원으로 전원한 후 현재까지 치료중이며, 이 사건과 관련된 문제점 및 원인을 분석해 본 결과는 다음과 같다.

첫째, 환자의 기왕력에 대해 고려하지 않고, 마취 전 검사를 소홀히 하였다. 환

자의 경우 과거 척추수술, 개두술 등의 병력이 존재하고, 이러한 병력의 존재가 수술
후 부작용의 발생확률 및 손해의 범위 등에 일정 부분 기여하였을 것으로 보인다.

둘째, 경막외마취를 하면서 카테터를 경막외에 정확하게 삽입하여야 할 주의의
무가 있음에도 불구하고 소홀히 하여 카테터를 경막하에 삽입하였고, 응급상황에 대
한 대처가 미숙했던 것으로 보인다. 경막하마취가 되면 마취부위나 마취시작시간, 마
취기간 등을 예측하기 힘들어 수술이 끝난 후 갑자기 심한 저혈압과 고부위마취로
인하여 호흡마비나 순환장애 등이 동시에 발생할 수 있다. 환자에게 이러한 증상이
나타났음에도 신속히 적절한 응급조치를 취하지 않았다(〈표 14〉 참조).

〈표 14〉 원인분석

분석의 수준	질문	조사결과
왜 일어났는가? (사건이 일어났을 때의 과정 또는 활동)	전체 과정에서 그 단계는 무엇인가?	− 마취 전 검사 − 수술 단계
가장 근접한 요인은 무엇이었는가? (인적 요인, 시스템 요인)	어떤 인적 요인이 결과에 관련 있는가?	• 의료인 측 − 환자의 과거력에 대해 고려하지 않음 − 마취 전 검사를 소홀히 함 − 응급상황에 대한 대처 미숙
	시스템은 어떻게 결과에 영향을 끼쳤는가?	

5. 재발방지 대책

〈그림 14〉 판례 14 원인별 재발방지 사항

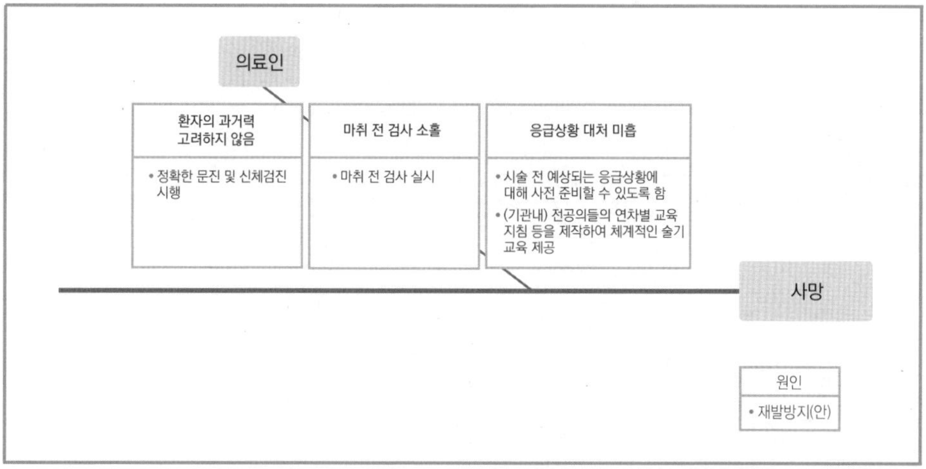

원인별 재발방지 대책은 〈그림 14〉와 같으며, 각 주체별 재발방지 대책은 아래와 같습니다.

(1) 의료인의 행위에 대한 검토사항

(가) 환자에 대한 정확한 문진과 신체검진

환자의 과거력 및 신체검진 내용을 통해 향후 발생 가능한 문제를 예측할 수 있다. 그러므로 문진 및 신체검진을 통하여 정확한 환자 상태를 파악할 수 있도록 한다.

(나) 마취 전 검사에 대해 숙지

마취 종류에 따른 수술 전 검사에 대하여 숙지하고, 필요한 검사를 빠뜨리지 않고 시행할 수 있도록 한다.

(2) 의료기관 운영체제에 대한 검토사항

합병증 및 응급상황에 대한 대처 능력 향상을 위한 교육을 수련 교육내용에 포함하도록 한다. 예시로 연세대학교 의료원의 마취통증의학과의 년차별 수련목표 및 내용을 살펴보면 1년차 수련목표 중 2. 수련내용에 2) 시술 가능한 술기에 ⑨ 부위

마취: 척추 마취, 경막외마취, 신경차단 각각 20/20/10회 이상의 수기 경험과 적응증 및 금기에 대하여 이해하고 마취 수기의 습득이 제시되어 있다(〈참고자료 2〉 참조).

┃참고자료 1┃ 사건과 관련된 의학적 소견1)

1. 경막외마취

1) 경막외마취는 척추관 내에 있는 경막외강에 국소마취제를 주입하여 국소마취제가 척추간
공을 통하여 확산됨으로써 신경근과 후근 신경절을 차단하여 마취효과가 발생하는 국소마취의
일종을 말하는데, 경막외마취 시 마취제의 사용량은 15~30ml이다. 마취제의 과량 투여로 인
하여 수술을 위한 적절한 수준보다 높게 마취가 되면 심장 및 호흡기능의 마비 등으로 혼수상
태에 빠지거나 사망하는 경우가 있다. 국소마취제의 부작용을 예방하는 가장 좋은 방법은 계속
혈액의 역류 여부를 확인하면서 천천히 간헐적으로 국소마취제를 주입하는 것이다.

2) 경막외마취는 전신마취와 달리 환자가 자신의 의식을 유지하고 자발적 호흡을 할 수 있
다는 점에서 전신상태가 불량한 환자가 저혈량 상태 혹은 심폐질환을 가졌을 경우에는 혈압하
강, 호흡억제 등의 부작용이 발생할 수 있으므로 환자관리에 주의하여야 한다.

3) 경막외마취에 사용되는 국소마취제의 용량은 지주막하강에 사용되는 용량보다 훨씬 많기
때문에 경막외마취 과정에서 바늘 끝이나 카테터 끝이 거미막밑 공간이나 정맥 내로 들어가 있
어서 마취제가 거미막밑 공간으로 투여되면 전척추마취가 되어 호흡곤란이나 호흡마비가 오기
때문에 주의하여야 하며, 전척추 혈관으로 흡수된다면 전신독성으로 중추신경계나 심혈관계 등
국소마취제의 독성작용이 나타날 수 있다. 부주의한 지주막하강 내 주입을 막기 위하여 보통
3ml 이하의 공기, 증류수 혹은 생리식염수를 주사기에 넣고, 피스톤에 부드럽게 압력을 가하면
서 바늘을 삽입해 들어가다가 황인대가 뚫어지면서 갑자기 저항이 소실되는 것을 느낄 수 있을
때 경막외강임을 확인하고 마취제를 투여하는 방법이 표준적인 투여방법으로 알려져 있다.

4) 만약 위와 같은 주의를 게을리 하여 마취제가 뇌척수액이나 경막외강 정맥에 주입되어
독성반응이 나타나게 되면, 심혈관계 독성의 증상이나 징후는 국소마취제의 혈중농도가 상승함
에 따라 심혈관계 효과가 순차적으로 나타는데, 초기에는 고혈압, 빈맥 등이 나타나며, 중기 이
후에는 저혈압, 서맥, 부정맥, 순환계의 붕괴가 일어나고, 중추신경계 독성의 증상으로는 두통,
어지러움, 혀나 입술의 무감각, 어눌한 말투, 이명, 혼수 등이 나타날 수 있다.

5) 수술과정에서 경막외마취 차단에 실패하거나 환자의 의식이 혼미하고 활력징후가 불안해
지는 경우(말초산소포화도 감소, 혈압하강, 서맥 등)에는 즉각 적극적으로 승압제를 사용하고
기도유지와 산소투여를 해야 하며, 호흡곤란 증세를 보이는 경우에는 기과내 삽관 등 신속한

---

1) 해당 내용은 판결문에 수록된 내용임.

심폐소생술이 이루어져야 한다.

6) 기뇌증은 경막하로 바늘이나 카테터가 잘못 위치하여 저항소실을 확인하기 위하여 사용한 공기가 경막하로 잘못 들어간 경우 발생하므로 생리식염수를 사용하여 저항소실을 확인하면 기뇌증을 예방할 수 있다.

7) 경막외마취를 시행하는 도중에 로비눌, 에페드린, 프로포폴, 도프람, 솔루코테프 등의 약제를 예방적 목적에서 동시에 투여하는 것은 일반적인 용례가 아니다.

┃ 참고자료 2 ┃ 연세대학교 의료원 마취통증의학과 연차별 교육수련 목표 및 내용 중
해당 판례와 관련된 항목

• **1년차**

2. 수련 내용

2) 시술 가능한 술기

  (1) 상급연차 및 지도전문의 하에 시술 가능한 술기

   ⑨ 부위 마취: 척추 마취, 경막외마취, 신경차단 각각 20/20/10회 이상의 수기 경험과 적
   응증 및 금기에 대하여 이해하고 마취 수기의 습득

판례 15. 척추마취와 경막외무통주사 시술 후 감각이상, 배뇨 곤란 등의 증상이 발생한 사건_서울동부지방법원 2014. 10. 7. 선고 2012가합8954 판결

척추마취 하 관혈적 정복술 및 내고정술 등의 수술을 시행하고 척추마취 부위의 경막하강에 경막외 무통주사를 시행하였다. 수술 다음날 감각 이상증상을 호소하여 경막외 무통주사 종결하였으나 이후에도 감각 이상, 배뇨 곤란 증상이 발생한 사건이다 [서울동부지방법원 2014. 10. 7. 선고 2012가합8954 판결]. 이 사건의 자세한 경과는 다음과 같다.

1. 사건의 개요

날짜	시간	사건 개요
2011. 11. 3.	16 : 00	• 운동 중 넘어져 발목 골절발생
2011. 11. 4.		• 피고 병원에서 좌측 발목 골절탈구, 내측인대파열 진단받음
	17 : 15	• 제3-4 요추 사이 지주막하강에 천지침을 삽입하고 마취제 주입하는 척추마취한 다음 같은 부위 경막하강에 천자침 통해 카테터 삽입한 상태에서 경막외 무통주사 시행
	21 : 00	• 관혈적 정복술 및 내고정술 수술 • 경막하강 자가통증조절장치 부착한 상태로 병동으로 이송됨
2011. 11. 5.	05 : 30	• 음경 부위 감각 무딤 증상 호소 • 간호사가 경막외 무통주사 종결함
	06 : 00	• 통증 호소하여 경막외 무통주사 다시 시행함 • 이후 하지 또는 음경 부위 무딘감 여러 차례 호소함
2011. 11. 6.	10 : 50	• 경막외 무통주사 종결
	10 : 55	• 하지부위 무딘감 및 배뇨곤란 여러차례 호소
2011. 11. 7.	10 : 50	• 원고상태 확인 후 MRI 권유
	11 : 30	• 피고병원 치료 거부 • 구급차 이용하여 A병원 전원

날짜	시간	사건 개요
2011. 11. 22.		• A병원 퇴원
2011. 12. 3.		• 11. 22 ~ 12. 3 B병원 입원 및 재활치료
2011. 12. 31.		• 12. 3 ~ 12. 31 C병원 입원 및 재활치료

2. 쟁점별 당사자 주장과 법원의 판단

가. 의료진의 과실로 인한 손해배상책임: 법원 불인정

(1) 원고 주장

① 마취과정에 무균조작을 할 주의의무, ② 천자침을 해당 부위에 삽입하기 전 소독용액을 완전히 제거하여야 할 주의의무, ③ 각종 이학적 검사, 영상진단 검사, 뇌척수액 검사 등을 시행하고 원인에 맞는 적절한 처치를 하여야 할 주의의무가 있음에도 이를 게을리 하였다.

(2) 피고 주장

멸균된 소독기와 수술도구 및 수술복을 사용하는 등 감염이 될 만한 원인을 철저히 차단하였으며, 발생한 무균성 염증은 약물이나 자극에 대한 신체 과민반응의 일종으로 척추마취 및 경막외 무통주사와 관련된 피고 병원 의료진의 과실이 아니다.

또한 신체장애는 퇴행성 척추분리증이라는 환자의 기왕력에서 비롯된 것이고, 화학적 수막염은 영구적 후유증을 남기지 않으므로 소독용액을 완전히 제거하지 않았다고 볼 수 없다. 환자가 호소하는 증상의 원인을 파악하기 위하여 검사를 권유하였으나, 원고가 이를 거절하고 타병원으로 전원하였기 때문에 추가적인 진단 및 치료가 이루어질 수 없었다.

(3) 법원 판단

① 항생제 처방 전 척수 검사 결과 세균이 검출되지 않았고 뇌척수액의 당수치가 감소하지 않았다. 세균성 지주막염이라면 일반적으로 나타났을 증상을 보이지 않은 이상 환자에게 발생한 증상이 세균성 염증에 의한 것이라고 인정하기에는 부족하다.

② 소독용액이 지주막하강으로 유입됨으로써 화학적 수막염을 일으킬 수도 있으나, 실제로 임상에서 일어나기 어렵다. 또한 소독용액이 묻어 들어가서 뇌수막염이 발생한다 해도 별다른 증상을 느끼지 못하거나 가벼운 증상만을 느끼게 될 정도의 염증으로, 화학적 수막염에 의해서는 일반적으로 일시적인 염증만 나타날 뿐 영구적 후유증을 남기지 않는다. 위 사실에 따라 척추마취 당시 천자침을 삽입하기 전에 소독용액의 제거를 게을리 한 과실이 있다는 원고의 주장은 이유 없다. ③ 환자가 하지 감각 이상이나 배뇨장애 등의 증상을 호소하였을 때 바로 MRI 검사 등을 시행해야 명확한 원인을 파악할 수 있었다고 단정하기 어려우며 또한 각종 이학적 검사, 영상진단 검사, 뇌척수액 검사 등을 원고에게 시행하여야 할 주의의무가 있다고 보기 어렵다.

나. 의료진의 설명의무 위반으로 인한 손해배상책임: 법원 인정

(1) 원고 주장

치료방법, 유의사항 부작용 등에 대하여 자세한 설명을 하지 않고, 척추마취에 관해서는 수술이 끝난 2011. 11. 4. 21 : 00경 설명하였다. 처치의사가 직접 또는 주치의, 마취의 등 다른 동료의사를 통하지 않고, 간호사가 원고와 원고의 처에게 마취에 대한 설명을 하였을 뿐이다.

(2) 피고 주장

병원 의료진은 척추마취와 경막외 무통주사로 발생할 수 있는 합병증과 후유증을 상세히 설명하였고, 환자와 환자의 처는 마취동의서와 수술동의서에 직접 기명날인하였다.

(3) 법원 판단

피고 병원 소속 간호사로부터 척추마취의 합병증과 후유증에 관한 설명을 듣고 마취동의서 및 수술동의서에 각 서명날인한 사실을 인정할 수 있다. 피고 병원 의료진이 수술 및 척추마취의 필요성이나 위험성을 충분히 설명하였다고 인정하기에 부족하다.

3. 손해배상범위 및 책임 제한

가. 피고의 손해배상책임 범위 및 제한 이유: 없음

나. 손해배상책임의 범위

(1) 청구금액: 401,705,911원

(2) 인용금액: 21,000,000원

① 위자료: 21,000,000원

4. 사건 원인 분석

환자는 운동 중 넘어져 발목 골절이 발생하여 타병원을 거쳐 피고 병원에 내원하였고, 좌측 발목 골절탈구, 내측인대파열 등의 진단을 받았다. 제3~4요추 사이 지주막하강에 천자침을 삽입하고 마취제를 주입하는 척추마취를 하고, 같은 부위의 경막하강에 천자침을 통하여 카테터를 삽입한 상태에서 경막외 무통주사를 시행하였다. 골절된 좌측 발목 부위에 관혈적 정복술 및 내고정술 등의 수술을 한 뒤 경막하강에 카테터를 삽입하고 자가통증 조절장치를 부착한 상태로 병동으로 돌아왔다. 다음 날 환자는 간호사에게 음경 부위의 감각이 무딘 증상을 호소하였고, 그 무렵 간호사는 경막외 무통주사를 종결하였다. 환자가 수술 부위의 통증을 호소하자, 간호사는 경막외 무통주사를 다시 시행하였고 그 후에도 하지 부위 또는 음경 부위의 감각이 무딘 증상을 여러 차례 호소하였다. 이후 경막외 무통주사를 중단하고 제거했는데, 그 후에도 여러 차례 무딘 감각, 배뇨 곤란 증상이 있어 피고병원에서의 치료를 거부하고 전원하였다. 이 사건과 관련된 문제점 및 원인을 분석해본 결과는 다음과 같다.

첫째, 환자가 감각저하 증상을 호소하였을 때 경막외 무통주사 제거 외에 대처가 미흡하였다. 마취 후 심각한 후유증을 염두에 두고, 환자의 증상호소에 의료진이 적극적으로 반응 및 대처하였더라면 환자는 피고병원의 치료를 거부하고 타병원으로 전원하지 않았을 수도 있었을 것이다. 또한 의료진의 증상 원인 파악을 위하여 권유받은 검사 및 치료 진행이 가능하였을 것이다.

둘째, 의료진 간의 원활한 의사소통의 한계를 꼽을 수 있다. 환자가 마취로 인한 감각저하 및 통증을 호소할 때 간호사가 마취제를 중단하고 종결한 것이 의사와의 원활한 의사소통의 결과인지 생각해봐야 한다.

셋째, 사건발생 이전부터 지속적인 환자의 통증호소에도 불구하고 통증관리에 대한 대처와 절차가 미흡하였다(〈표 15〉 참조).

〈표 15〉 원인분석

분석의 수준	질문	조사결과
왜 일어났는가? (사건이 일어났을 때의 과정 또는 활동)	전체 과정에서 그 단계는 무엇인가?	－마취 전 단계 －마취 단계 －마취 후 관찰 단계
가장 근접한 요인은 무엇이었는가? (인적 요인, 시스템 요인)	어떤 인적 요인이 결과에 관련 있는가?	• 의료인 측 －환자의 여러 차례 감각저하 증상 호소에 대해 반 응 지체 및 대처 미흡(경막외 무통주사 제거에도 감각저하 증상 호소 지속함)
	시스템은 어떻게 결과에 영향을 끼쳤는가?	• 의료기관 내 －의료진 사이의 의사소통 문제

5. 재발방지 대책

〈그림 15〉 판례 15 원인별 재발방지 사항

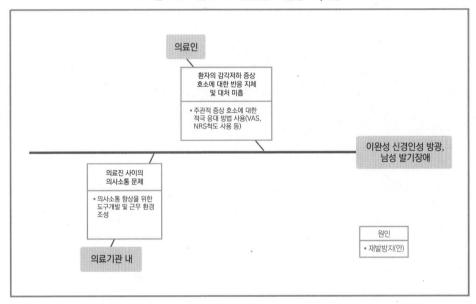

원인별 재발방지 대책은 〈그림 15〉와 같으며, 각 주체별 재발방지 대책은 아래와 같습니다.

(1) 의료인의 행위에 대한 검토사항

(가) 환자의 주관적 증상 호소에 대한 경청

환자의 주관적 증상 호소에 민감하게 반응하여야 한다. 예를 들어 통증과 관련한 척도인 VAS[2]척도 또는 NRS[3]척도 등을 활용하여 환자의 통증을 측정하고 기록하여야 한다.

(2) 의료기관 운영체제에 대한 검토사항

(가) 의사소통 향상을 위한 근무 환경 조성 및 도구 사용

의사소통을 방해하는 환경을 제한하고, 원활한 의사소통이 이루어질 수 있는 환

---

2) VAS(Visual Analogue Scale, 시각통증척도).

3) NRS(Numeric Rating Scale, 숫자통증척도).

경이 될 수 있도록 분위기를 조성하여야 한다. 필요한 경우 의사소통 도구를 사용할 수 있다.

┃참고자료 1┃ 사건과 관련된 의학적 소견[4]

1. 척추마취, 경막외 마취

가. 척수(spinal cord)는 3개의 결합조직으로 이루어진 척수막(spinal meninges)으로 보호받고 있고, 이 척수막은 뇌막(cerebral meninges)과 연결되어 있다. 뇌막과 척수막을 합쳐서 뇌척수막 또는 수막(meninges)이라고 한다. 척수막(spinal meninges)의 위 3개 결합조직 층은 바깥쪽부터 안쪽으로 경막(dura mater), 지주막(arachnoid mater), 연막(pia mater, 척수에 붙어 있음)으로 이루어져 있다. 경막의 바깥 공간을 경막외강(epidural space, extradural space)이라고 한다. 지주막하강에는 뇌척수액(cerebrospinal fluid, CSF)이 들어 있다.

나. 척추마취(spinal anesthesia)는 국소마취제를 지주막하강(subarachnoid space)에 주입하고, 경막외 마취(epidural anesthesia)는 경막외강(epidural space, extradural space)에 국소마취제를 주입하여 일시적으로 신경전달을 차단하는 부위 마취를 말한다. 척추마취는 주입된 국소마취제가 뇌척수액을 따라 퍼지고 그 퍼지는 정도에 따라서 차단의 범위가 결정되고 적은 양의 국소마취제로도 마취작용의 발현이 빠른 반면, 경막외 마취는 국소마취제가 주입된 분절 주위에 국한되고 많은 양의 국소마취제가 필요하고 마취작용의 발현이 상대적으로 느린 편이지만 카테터를 삽입하여 장기간 마취를 유지할 수 있는 장점이 있다.

다. 이 사건 수술 중에는 척추마취 직후 경막외 무통주사술 또는 경막외 주입술(epidural PCA)도 같이 실시하였는데, 이는 경막외 마취의 일종으로서, 수술 시간이 길거나 수술 후 통증조절을 목적으로 경막외 마취 바늘 속으로 카테터를 삽입하여 경막외강에 도달하게 한 뒤 카테터를 고정시키고, 1회용 펌프 또는 자가통증조절장치 등을 사용하여 카테터를 통하여 약물주입을 조절할 수 있도록 하는 통증자가조절법(PCA, Patient Controlled Analgesia)을 말한다.

라. 척추 마취 할 때, 정중앙으로 진입하는 방법을 취하면 천자침이 피부(skin) → 피하조직(subcutaneous tissue) → 극상인대(supraspinous ligament) → 극간인대(interspinous ligament) → 황색인대(ligamentum flavum) → 경막외강(epidural space) → 경막(dura mater) → 지주막(arachnoid mater) → 지주막하강(subarachnoid space)까지 도달한다. 경막외 마취는 천자침이 위순서 중 경막외강까지 도달한다.

---

4) 해당 내용은 판결문에 수록된 내용임.

2. 척추마취, 경막외 마취 후의 합병증

가. 일반적으로 척추마취 또는 경막외 마취 후의 합병증은 요배부통(back pain), 경막천자후 두통(postdural puncture headache, PDPH), 경막외혈종(epidural hematoma), 경막외농양(epidural abscess), 전척수증후군(anterior spinal artery syndrome), 척수 및 신경근 손상(spinal cord and nerve root injury), 기뇌증(pneumocephalus), 신경독성(neurotoxicity), 말초신경차단 후의 신경병증 등이 있다.

나. 척추마취 후 발생한 하지의 근력 약화와 하수족 등 신경학적 후유증은 국소마취제 자체의 독성, 감염 및 화학적 오염, 혈종, 척수의 허혈, 요추천자 시 척추 바늘에 의한 손상, 수술 시 잘못된 체위, 수술 시 신경 손상 등이 원인으로 척추 신경근염, 횡척수염, 무균성 수막염, 유착성 거미막염과 같은 마비 증후군이나 직, 간접적인 신경손상으로 인한 신경근증, 근력 약화 등의 증상으로 나타날 수 있다.

3. 마미증후군

가. 척수신경 중 요추신경(L1~L5), 천추신경(S1~S5)은 척수의 요수·천수 분절에서 나와 해당 추간공(신경공, Intervertebral foramen)에 도달하여 빠져나갈 때까지 길게 지주막하강 속에 있게 되는데 이러한 신경다발을 합쳐서 마미(cauda equina)라고 부른다.

나. 마미증후군(말총증후군, cauda equina syndrome)이란 방광·직장·항문 괄약근의 마비, 회음·하지의 지각·운동부전 등의 마미신경 섬유군의 이상증상을 나타내는 것을 말한다.

다. 마미증후군은 척추 마취 등을 시행할 때 감염, 소독액 등 독성 물질 등에 의하여 생길 수 있고, 거대 중심성(huge central) 추간판 탈출증(intervertebral disc herniation), 심한 척추관 협착증(spinal stenosis), 심한 척추전방전위증(spondylolisthesis)등 마미를 둘러싼 뼈, 인대, 추간판 등 척추 구조물이 돌출하거나 비대해져 마미를 강하게 압박함으로써 생길 수 있다.

┃ 참고자료 2 ┃ 통증평가척도

1. 숫자통증척도(NRS, Numeric Rating Scale)

숫자통증척도(NRS, Numeric Rating Scale)

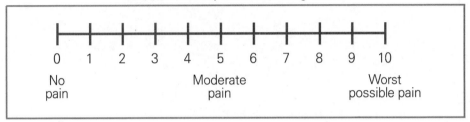

2. 시각통증척도(VAS, Visual Analogue Scale)

시각통증척도(VAS, Visual Analogue Scale)

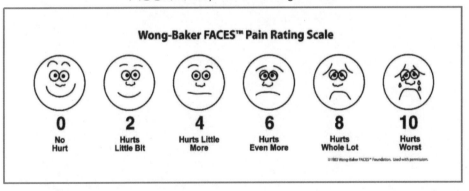

제5장

국소마취 관련 판례

판례 16. 국소마취를 위한 리도카인 투여 후 괴사 증상이 발생하여 절단 수술을 시행한 사건_서울중앙지방법원 2014. 5. 20. 선고 2012가합62610 판결

13세 남자환자는 오른쪽 검지손가락에 사마귀가 발병하여 내원하였고, 제거를 위해 국소마취제 리도카인을 주사하였다. 주사 직후 격렬한 통증을 호소하였고, 주사 부위를 포함한 오른쪽 검지손가락 괴사 증상이 발생하였다. 결국 다른 병원으로 전원되어 우측 제2수지 말단 부분 절단 수술 및 변연 절제술, 피부이식술을 받은 사건이다[서울중앙지방법원 2014. 5. 20. 선고 2012가합62610 판결]. 이 사건의 자세한 경과는 다음과 같다.

1. 사건의 개요

날짜	시간	사건 개요
2012. 5. 9		• 오른쪽 검지 사마귀 1개로 내원 (환자 남자. 사고당시 13세)
	18:10	• 사마귀 제거술로 국소마취 위한 리도카인 주사 • 주사 직후 격렬한 통증 호소 • 주사 부분 포함 오른쪽 검지에 하얗게 괴사 증상 보임

날짜	시간	사건 개요
2012. 5. 9	18 : 30	• 피고 동행 하에 근처 A병원 응급실 방문하여 혈류 개선제 투여 • 호전 없자 절단 가능성 설명 받음
2012. 5. 10		• B병원 전원
2012. 5. 21		• 우측 제2수지 말단 부분 절단 수술
2012. 6. 4		• 변연 절제술 시행
2012. 7. 16		• 피부 이식술 시행

2. 쟁점별 당사자 주장과 법원의 판단

가. 과다 용량의 리도카인을 사용한 과실이 있는지 여부: 법원 인정

(1) 원고 주장

국소마취를 하면서 리도카인을 과다하게 투여한 잘못으로 인하여 주사부위를 괴사하게 하여 발생하게 되었다.

(2) 피고 주장

국소마취를 시행하기 위해 2% 리도카인을 3cc 주사기로 적정 용량인 0.5~1cc 정도 주입하였을 뿐이고, 과다 용량을 투약한 적이 없다. 적정 용량을 투여하였음에도 괴사가 일어난 것은 전혀 예상할 수 없는 일이므로 피고의 과실은 없다.

(3) 법원 판단

말단 수지부를 국소 마취하면서 과다 용량의 국소마취제를 사용할 경우 환자의 혈관을 압박하여 피부가 괴사할 수 있으며, 우측 제2수지에 광범위한 괴사가 발생한 원인으로 국소마취제의 과다 용량 사용이 추정된다. 피고가 작성한 진료기록지에는 리도카인 마취 후 이상 소견이 보였다고만 기재되어 있을 뿐, 사용한 리도카인의 용량, 농도 등에 대해 전혀 기재되어 있지 않다. 환자의 특수한 소인으로 인해 말단 수지부에 마취제에 의한 괴사가 발생한 경우는 현재 문헌상 찾아볼 수 없는 점으로 보아 국소마취를 하기 위해 과다 용량의 리도카인을 투여한 과실로 인한 것으로 추정된다.

나. 설명의무 위반 여부: 법원 인정

(1) 원고 주장

환자 혹은 보호자에게 마취에 따른 위험, 부작용 등에 대해 제대로 설명한 바 없고, 의무기록지에 투여 용량, 투여한 수액 제재 등을 제대로 기록하지 않았다.

(2) 피고 주장

국소마취의 경우 비교적 안전하고 부작용도 거의 없어 일반적으로 사전 설명이 시행되지 않고 있으므로, 피고가 리도카인 사용에 따른 부작용 등을 설명할 의무가 없다.

(3) 법원 판단

사마귀 제거를 위하여 국소마취를 하기에 앞서 국소마취제가 과다 투여될 경우 그로 인한 괴사의 가능성에 대해 전혀 설명한 바 없다. 가능성이 희소하다는 사정만을 설명의무가 면제될 수 없으므로, 설명의무를 위반하여 자기 결정권을 침해하였다고 볼 수 있다.

3. 손해배상범위 및 책임 제한

가. 피고의 손해배상책임 범위 및 제한 이유: 없음

나. 손해배상책임의 범위

(1) 청구금액: 129,381,524원
(2) 인용금액: 76,365,389원
   ① 재산상 손해: 36,365,389원(일실수입＋기왕치료비＋향후치료비)
     − 일실수입: 20,272,991원
     − 기왕치료비: 2,483,570원
     − 향후치료비: 13,608,828원
   ② 위자료: 40,000,000원

4. 사건 원인 분석

환자는 오른쪽 검지손가락 끝 부분에 사마귀 1개가 발병하여 병원에 내원하였고, 피고는 오른쪽 검지손가락 사마귀 근처 부위에 국소마취를 위한 리도카인을 주사하였다. 주사 직후 환자는 격렬한 통증을 호소하였고, 주사 부분을 포함한 오른쪽 검지손가락 부분이 하얗게 변하는 괴사 증상이 나타났다. 피고의 동행 하에 가까운 병원 응급실로 가서 혈류 개선제를 투여 받았으나 별 다른 호전이 없었고, 타 병원으로 전원 되어 다음날 우측 제2수지 말단 부분을 절단하는 수술을 받았다. 그 후 변연 절제술 및 피부이식술을 시행 받았다. 법원에서는 환자에게 발생한 괴사가 의료진이 과다용량의 국소마취제를 투여한 과실로 인한 것으로 추정하였다. 그러나 자문위원은 리도카인에 혈관수축제인 에피네프린을 섞어서 투약하는 경우가 있고, 그로 인해 혈관 수축이 발생했을 가능성은 판결문의 내용만으로는 정확하게 판단할 수 없지만 정황상 개연성이 있다는 의견을 제시하였다. 이 사건과 관련된 문제점 및 원인을 분석해본 결과는 다음과 같다.

먼저 상세한 진료기록을 작성하지 않았다. 피고가 작성한 진료기록지에는 리도카인 마취 후 이상 소견이 보였다고만 기재되어 있을 뿐, 사용한 리도카인의 용량, 농도 등에 대해 전혀 기재되어 있지 않다. 대법원 판례(대법원 1998. 1. 23. 선고 97도2124)에 따르면 의료행위가 종료된 이후에는 의료행위의 적정성을 판단하는 자료로 이용할 수 있도록 진료기록부에 환자의 상태와 치료의 경과 등 의료행위에 관한 사항과 그 소견을 적어야 하고, 의료행위의 적정성 여부를 판단하기에 충분할 정도로 상세하게 기록하여야 한다. 그리고 의료진은 환자와 보호자에게 충분한 설명을 하지 않았다. 국소마취의 과다용량 투여로 인한 괴사 가능성은 희박하다는 이유로 환자와 보호자에게 설명을 하지 않았다(〈표 16〉 참조).

〈표 16〉 원인분석

분석의 수준	질문	조사결과
왜 일어났는가? (사건이 일어났을 때의 과정 또는 활동)	전체 과정에서 그 단계는 무엇인가?	−마취 전 단계 −마취 단계
가장 근접한 요인은 무엇이었는가? (인적 요인, 시스템 요인)	어떤 인적 요인이 결과에 관련 있는가?	• 의료인 측 −상세한 진료기록 작성하지 않음 −부작용 가능성이 희박하다는 이유로 충분한 설명 시행하지 않음
	시스템은 어떻게 결과에 영향을 끼쳤는가?	

5. 재발방지 대책

〈그림 16〉 판례 16 원인별 재발방지 사항

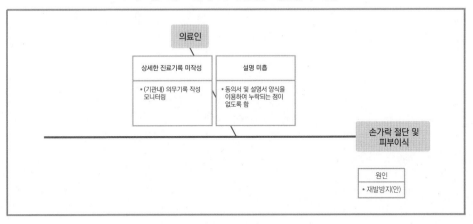

원인별 재발방지 대책은 〈그림 16〉과 같으며, 각 주체별 재발방지 대책은 아래
와 같다.

(1) 의료인의 행위에 대한 검토사항

(가) 마취에 대한 정확한 설명 시행

환자에게 시행될 마취에 대한 정확한 설명을 시행하여야 한다. 특히 부작용, 발생 가능한 합병증 등에 대해서 환자가 이해하였는지 등을 확인하며 설명을 시행해야 한다.

(2) 의료기관 운영체제에 대한 검토사항

(가) 의무기록 작성 모니터링

의무기록 작성과 관련하여 지속적인 모니터링을 실시하여 누락되지 않도록 한다. 또한 의무기록의 원활한 작성 및 기록의 완성도와 질을 향상시킬 수 있는 방안을 고안해야 한다.

▌참고자료▐   사건과 관련된 의학적 소견[1]

1. 말단 수지의 사마귀 제거와 관련하여 일반적으로 권고되는 국소마취제는 2%의 염산리도 카인으로, 그 투여용량은 0.1ml~0.5ml 정도로 병변의 크기에 따라 용량을 조절해야 하고, 투여부위는 사마귀 병변 아래에 직접 주사 혹은 말단 수지의 기 경우 손가락 양측에 신경이 지나가는 부위에 피하 주사할 수 있으며, 투여방법은 피내 혹은 피하주사이다.

2. 과다한 용량의 마취제를 사용할 경우 혈관을 압박하여 괴사를 초래할 수 있으므로, 말단 수지부의 국소마취 시 주사 부위의 괴사를 방지하기 위해서는 국소마취제의 과다사용을 피해야 한다.

3. 이 사건과 같이 주사 당시 환자에게 즉시 통증과 발적, 부종, 괴사가 생기는 원인으로는, ① 국소마취제를 과다 용량 투여하였거나, ② 마취제와 혼동하여 사마귀 치료제로 사용되는 블레오마이신(bleomycin, 항암제의 일종으로 사마귀 병변 부위에 주사하여 사마귀 조직을 괴사시켜 치료하는 약물) 등을 피하에 과다 용량 투여한 경우 등이 추정된다.

4. 환자의 특수한 소인과 관련하여 말단 수지부에 마취제에 의한 괴사가 발생하는 경우는 문헌상 찾아볼 수 없으며, 일반적인 의학적 지식 하에서도 특별히 고려될 소인은 없다.

---

1) 해당 내용은 판결문에 수록된 내용임.

판례 17. 리도카인 투여 후 발생한 이상증상에 대해 제대로 처치하지 못하여 환자가 사망한 사건_대전지방법원 2015. 5. 20. 선고 2013가합103081 판결

성형수술을 위해 내원한 22세 여자환자는 수면마취제, 국소마취제 투약 후 쌍꺼풀 수술을 시행하였고, 이어서 코 수술을 위해 수면마취제와 국소마취제를 투약하였다. 국소마취제를 투여하자마자 얼굴이 붓고 호흡곤란 증상이 나타났으며, 응급조치를 시행하고 전원시켰으나 환자는 사망하였다[대전지방법원 2015. 5. 20. 선고 2013가합 103081 판결]. 이 사건의 자세한 경과는 다음과 같다.

1. 사건의 개요

날짜	시간	사건 개요
2013. 3. 20		• 쌍꺼풀, 코 성형, 얼굴 지방이식 수술 위해 내원(환자 여자. 사고당시 22세) • 수면마취, 국소마취, 수술 방법 및 효과에 대해 설명
	15 : 00	• 수술실 입실
	15 : 15	• 수면마취제로 케타민 0.3cc, 미다졸람 2cc, 국소마취제로 1% 리도카인과 에피네프린 1:100,000 비율로 섞어 8cc 투여 후 쌍커풀 수술 시행
	17 : 15	• 코 성형 위해 케타민 0.3cc, 미다졸람 2cc 투여하고, 국소마취제로 2% 리도카인과 에피네프린을 1:100,000 비율로 섞어 7cc 투여 • 국소마취제 투여하자마자 얼굴이 부어오르고, 혀를 내밀며 켁켁거림 • 산소 5L 투여하고, 에어웨이로 기도 확보 후 덱사메타손, 플루마제닐 투여
	17 : 42	• 경련, 산소포화도 저하 • 119 신고 • 기관 삽관 시도
	17 : 51	• 119 도착
	18 : 03	• 타병원 이송당시 호흡, 맥박, 동공반응 소실된 상태였음
	18 : 10	• 타병원 도착

날짜	시간	사건 개요
2013. 3. 20		• 심폐소생술, 심정지, ROSC 반복
	18 : 56	• ROSC[2]
		• 저산소성 뇌손상으로 혼수상태
2013. 3. 27	15 : 57	• 사망

2. 쟁점별 당사자 주장과 법원의 판단

가. 리도카인 투여 시 과실 여부에 대한 판단: 법원 불인정

(1) 원고 주장

리도카인과 같은 국소마취제는 혈액의 역류 여부를 확인하는 흡인검사를 지속적으로 시행하면서 알맞은 용량을 천천히 주입해야 한다. 그러나 피고는 과다한 용량의 리도카인을 투여하였거나 환자의 혈관이 손상 입은 상태에서 투여한 과실로 리도카인이 혈관 내로 흡수하게 되어 결국 심정지로 사망하게 하였다.

(2) 법원 판단

환자에게 투입된 리도카인의 양은 비교적 소량에 해당하는 점, 피고는 에피네프린을 섞어 리도카인을 투여했는데, 에피네프린은 리도카인의 혈관 내 흡수를 지연시키는 역할을 하는 점, 과거에 성형수술을 한 경험이 있고 그 때에는 국소마취제의 독성반응이 전혀 없었다는 점을 지적한다. 그러나 리도카인에 대한 과민성 쇼크 또는 독성반응은 과거에 나타나지 않았더라도 발생할 수 있는 것인 점, 리도카인을 투여하는 과정에서 아무리 주의를 한다고 하더라도 리도카인이 혈관 내로 주입될 가능성을 완전히 배제할 수 없는 점 등에 비추어 환자의 리도카인에 의한 과민성 쇼크 또는 리도카인의 독성반응이 피고의 투여상의 과실로 보기 어렵다.

---

2) ROSC(Return of spontaneous circulation).

나. 사후 조치 상 과실 여부에 대한 판단: 법원 인정

(1) 원고 주장

① 리도카인의 독성반응 또는 과민성 쇼크로 인하여 경련 및 호흡 곤란이 나타났던 환자에 대하여 항경련제를 투입하지 않았고, ② 기관 삽관을 제대로 하지 못하였으며, 심폐소생술을 시행하지 않은 과실이 있다.

(2) 법원 판단

① 항경련제는 뇌를 보호하는 효과도 있지만 호흡, 기도반사를 억제하는 순환계 억제효과도 있으므로 산소 공급이 원활하고 순환이 잘 유지되는 상태일 경우에만 항경련제 투여를 통한 뇌보호 효과를 얻을 수 있다. 이 경우 항경련제를 투여했다면 오히려 호흡 억제를 심화시키고 순환계 억제를 조장하여 심정지에 쉽게 빠지게 해 뇌손상을 가중시키는 효과를 가져왔을 수 있다. 환자에게 항경련제를 투여하지 않은 것을 과실로 단정하기 부족하다. ② 쇼크 또는 리도카인의 독성반응으로 인해 환자에게 경련, 호흡곤란 등이 발생하였음에도 기관내삽관, 심폐소생술 등 적절한 조치를 제대로 하지 못한 과실이 있다고 인정되고, 이와 같은 과실로 인해 저산소성 뇌손상을 입었다고 할 수 있다.

3. 손해배상범위 및 책임 제한

가. 피고의 손해배상책임 범위: 40% 제한

나. 제한 이유

(1) 리도카인은 피부과, 성형외과 등의 임상에서 일반적으로 사용되는 국소마취제로서 비교적 부작용이 적고 안정적인 효과가 있는 것으로 알려지는 점

(2) 피고가 이 사건 마취와 같은 방법을 사용하는 경우에도 리도카인의 과민성 쇼크나 독성반응이 나타난 적이 없었고, 망인의 경우도 과거 성형수술을 했을 때 국소마취제로 인한 독성반응 등은 없었음. 쌍꺼풀 수술에 앞서 리도카인을 투여하였을 때에도 별다른 이상 증상은 없었는데, 코 성형수술을 위해 추가로 리도카인을 투여하자 통상적인 경우와 달리 리도카인에 대한 과민성 쇼크 또는 독성반응이 급격하게

진행되었는바, 이러한 증상의 발생 및 결과에 망인의 체질적 소인이 어느 정도 영향을 미쳤을 것으로 보이는 점

(3) 피고들은 개인병원을 운영하는 의사로 리도카인의 부작용으로 인하여 과민성 쇼크나 중추신경계에의 독성 반응에 대한 처치에 어려움이 있었을 것으로 보이는 점

(4) 망인에게 경련, 호흡 곤란 등의 증상이 발생한 이후 피고가 기도를 확보하고 기관내 삽관을 시도하는 등 기본적인 응급처치를 시도하였던 것으로 보이는 점

다. 손해배상책인의 범위

(1) 청구금액: 382,679,280원
(2) 인용금액: 176,314,716원
   ① 재산상 손해: 123,314,717원(일실수입×40%)
     − 일실수입: 308,286,794원
   ② 위자료: 53,000,000원

4. 사건 원인 분석

환자는 몇 년 전 코 성형수술을 받은 기왕력이 있고, 쌍꺼풀, 코 성형, 얼굴 지방이식수술을 받기 위해 내원하여 수술방법 및 효과, 수면마취와 국소마취에 대하여 설명을 받았다. 수면마취제, 국소마취제를 투약 후 쌍꺼풀 수술을 시행하였다. 이어서 코 수술을 위해 수면마취제와 국소마취제를 투약하였는데 국소마취제를 투여하자마자 얼굴이 부어오르고, 혀를 내밀면서 켁켁 거리는 증상을 보였다. 의사는 리도카인 쇼크를 의심하여 바로 산소투여 및 기도 확보 후 덱사메타손과 플루마제닐 투여하였다. 그러나 갑자기 경련 증상을 보임과 동시에 산소포화도가 떨어져 기관 삽관을 시도하고, 근처 병원으로 이송하였다. 환자는 자발순환상태를 회복하였으나, 저산소성 뇌손상을 입고 혼수상태에 빠졌으며 결국 사망하였다. 이 사건과 관련된 문제점 및 원인을 분석해본 결과는 다음과 같다.

첫째, 응급처치 및 전원이 지체되었다. 119 구조대에 의해 타병원으로 전원되기까지 27분이 소요되었다.

둘째, 수술전 환자에 대한 충분한 사정이 이루어지지 않은 것으로 추정된다(〈표 17〉 참조).

<표 17> 원인분석

분석의 수준	질문	조사결과
왜 일어났는가? (사건이 일어났을 때의 과정 또는 활동)	전체 과정에서 그 단계는 무엇인가?	– 마취 중 단계 – 마취 후 단계
가장 근접한 요인은 무엇이었는가? (인적 요인, 시스템 요인)	어떤 인적 요인이 결과에 관련 있는가?	• 의료인 측 – 응급처치 및 전원 지연 – (추정) 수술 전 환자 사정이 제대로 이루어지지 않았음
	시스템은 어떻게 결과에 영향을 끼쳤는가?	

5. 재발방지 대책

<그림 17> 판례 17 원인별 재발방지 사항

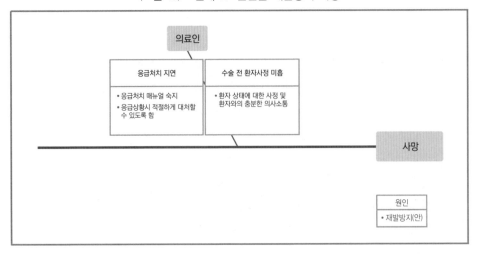

원인별 재발방지 대책은 〈그림 17〉과 같으며, 각 주체별 재발방지 대책은 아래와 같습니다.

(1) 의료인의 행위에 대한 검토사항

(가) 기왕력 및 투약력에 대한 사정

환자의 기왕력, 이전 투약력 등 환자상태에 대한 정확한 사정 및 환자와 의사소통을 충분히 하여 중요한 사항이 누락되지 않도록 한다. 환자 역시 알러지 혹은 약물 과민반응 등에 대해 의료진과 적극적으로 소통하여야 한다.

(나) 응급상황에 대한 매뉴얼 공유 및 적절한 응급처지 시행

응급상황에 대한 매뉴얼을 공유 및 숙지하여 응급상황 시 조치가 지체되지 않도록 한다.

┃ 참고자료 ┃   사건과 관련된 의학적 소견3)

1. 리도카인

리도카인은 국소마취제이자 항부정맥제로 널리 쓰여지는 약으로서 가려움증, 피부 염증으로 인한 고통에 사용되거나 치과용 마취제 또는 작은 수술 등에 주사로 투여된다. 리도카인의 최대 허용량은 에피네프린을 섞어서 사용할 경우 7mg/kg인데, 이 정도의 용량으로서는 독성이 없고 4시간 동안 마취효과가 있는 것으로 알려져 있다.

2. 국소마취제의 독성반응

1) 증상

리도카인과 같은 국소마취제의 독성반응은 심혈관계, 중추신경계 등에서 나타난다. 적절한 해부학적 위치에 알맞은 용량을 사용하면 거의 부작용이 나타나지 않으나, 과다한 용량이 투여된 경우 또는 다량의 국소마취제가 혈관 내지 지주막하에 주사되어 혈관 내 국소마취제 농도가 급격하게 올라가는 경우에는 독성반응이 나타난다. 국소마취제의 독성반응은 중추신경계의 증상이 먼저 나타나고 뒤이어 심혈관계 증상이 나타나는데, 중추신경계의 증상으로 초기에는 이명, 어지러움, 시야 흐림 등이 나타나고 흥분기에는 강직성 간대성 경련이 나타나며 억제기에는 의식소실, 중추신경계의 전반적인 억제와 호흡정지가 나타난다.

2) 예방

국소마취제의 부작용을 방지하기 위해서는 국소마취제를 투여할 때 환자에게 이명, 어지러움 등의 감각 이상이 있는지 여부를 질문하면서 약물을 천천히, 간헐적으로 주입하는 등으로 환자의 상태를 주의깊게 관찰해야 하고, 마취주사기 내로 혈액의 역류를 확인하는 흡인검사를 통하여 혈관 내 주입 여부를 확인하여야 한다. 다만, 리도카인을 투여하는 과정에서 아무리 주의를 한다고 하더라도 리도카인이 혈관 내로 주입될 가능성을 완전히 배제하지는 못하기 때문에, 리도카인의 독성반응에 의한 경련과 호흡 정지와 같은 중추신경계 독작용은 전문가라도 피할 수 없는 측면이 있다.

---

3) 해당 내용은 판결문에 수록된 내용임.

3. 국소마취제에 의한 과민성 쇼크(아나필락시스, anaphylaxis)

1) 의의 및 증상

발병기전의 구별 없이 전신적 혹은 다장기의 급성 중증 과민반응을 의미한다. 아나필락시스는 원인 되는 물질에 노출된 후 수분에서 20~30분 이내에 특징적인 증상이 나타나고, 일반적으로 증상 발생까지의 시간이 짧을수록 더 심한 반응이 일어난다.

환자들은 전조증상으로 국소적 혹은 전신적인 소양증, 피부 발적 또는 따끔거림, 발열감, 복통, 불안감 등을 경험하기도 한다. 이어서 흔히 전신적인 담마진 또는 혈관부종이 발생한다. 후두부종이나 기관지수축으로 심한 호흡곤란이 발생할 수 있고, 초기 증상으로 구강점막의 소양증과 혀의 부종, 인후부의 조이는 듯한 느낌을 호소하는 경우가 많다. 저혈압과 빈맥, 메스꺼움, 구토, 복통 및 설사가 발생하기도 한다. 심한 경우는 심혈관 허탈, 의식 소실, 청색증, 경련, 치명적인 부정맥이 발생하고 사망할 수 있다.

2) 진단

아나필락시스는 병력과 증상 및 징후를 근거로 진단한다. 다음 세 가지 조건 중 하나를 충족시키면 임상적인 진단을 할 수 있는데, ① 발진, 두드러기, 홍반, 혈관부종 등의 급작스러운 피부반응과 호흡 및 혈압저하, ② 수 분에서 수 시간 내에 나타나는 피부소견, 호흡저하, 저혈압, 위장관 증상의 네 가지 중 두 가지 이상이 갑자기 나타날 때, ③ 환자에게 알레르기 유발 물질이라고 알려진 물질을 투여한 후 나타나는 혈압 저하이다. 아나필락시스는 의심되는 원인물질에 과거에 노출되었을 때 발생하지 않았더라도 발생할 수 있다.

4. 심정지에 따른 뇌손상

환자의 상태에 따라 약간의 차이는 있으나 일반적으로 4~5분 이상 심정지로 인해 산소공급이 중단되면 비가역적 뇌손상을 입는 것으로 알려져 있다. 마취 도중 심박동이 급격이 상승하고, 심장박동과 호흡이 정지되는 등의 증상이 발생하는 경우 먼저 지속적인 환자 상태 감시를 통하여 심폐정지가 발생한 것을 빨리 인지하여야 하고 심폐정지 발생시 즉각 기도확보, 산소투여와 함께 충분한 환기, 심폐소생술을 하여야 하는 것이 기본 원칙이다.

판례 18. 국소마취를 위해 리도카인을 투여하고 시술하던 중 투여상 과실 및 응급처치 소홀로 인하여 환자가 식물인간 상태에 이 르게 된 사건_서울중앙지방법원 2015. 4. 15. 선고 2013가 합26406 판결

62세 여자환자는 재발한 다한증을 치료하고자 내원하였고, 고바야시 시술을 받 기로 하였다. 시술을 위해 국소마취를 하였고, 시술 중 의식소실 및 강직성 간대성 경련 증상이 나타났다. 응급처치 후 타병원으로 이송하였으나 현재 환자는 고도의 뇌 손상에 의한 최소 의식의 식물인간 상태이다[서울중앙지방법원 2015. 4. 15. 선고 2013가 합26406 판결]. 이 사건의 자세한 경과는 다음과 같다.

1. 사건의 개요

날짜	시간	사건 개요
2009년경		• 양쪽 겨드랑이 부위의 다한증 치료를 원해 리포셋 시술 받음
2011. 11. 18		• 피고 의원 내원(환자 여자. 사고 당시 62세) • 재발한 양쪽 겨드랑이 다한증 치료에 대해 상담함 • 고바야시 시술을 권유함
2011. 11. 22	14:40~ 14:50	• 고바야시 시술 위한 국소마취 시행 • 생리식염수 100ml와 리도카인 400mg이 들어있는 2% 리도카인 20ml 를 혼합하여 리도카인 희석액 120ml를 만든 후 자동수액주입기를 이 용하여 양쪽 겨드랑이에 각 50ml씩(합계 100ml) 리도카인 희석액 (리도카인 약 330mg) 주입함
	15:00경	• 의식 소실 및 강직성 간대성 경련(GTC type seizure) 증상 발현
	15:07	• 119에 신고함 • 두부후굴 하악거상법으로 기도 확보하고 수액을 공급하면서 스테로이 드제제인 덱사메타손 투여
	15:12	• 119 구급대 도착함 • 경련 증상을 지속하여 보임 • 산소포화도 90% 이상으로 측정됨

날짜	시간	사건 개요
2011. 11. 22	15 : 18	• 119 구급대 5~6분 정도 대기하였으나 코와 입에서 분비물 나오는 등 상황 악화됨
	15 : 21	• K병원으로 이송 • 구급차 내에서 호흡과 맥박 정지, 동공반응 소실됨 • 심폐소생술 시행함
	15 : 33	• 호흡 및 맥박 정지된 상태로 K병원 도착함 • 5분간 심폐소생술 시행함 • 호흡과 맥박 회복되었으나 저산소성 뇌손상 입음
현 재		• 고도의 뇌손상에 의한 최소 의식의 식물인간 상태 및 사지강직으로 완전 와상 상태임

2. 쟁점별 당사자 주장과 법원의 판단

가. 과용량의 리도카인을 투여한 과실: 법원 인정

(1) 원고 주장

피고는 마취 시 환자에게 과용량의 리도카인을 투여하여 독성 반응을 일으키게 한 과실이 있다.

(2) 피고 주장

피고는 자동수액주입기를 이용하여 바늘을 지속적으로 움직이면서 환자에게 양쪽 겨드랑이 부위에 리도카인을 각 50ml씩 주입하였다고 주장한다.

(3) 법원 판단

피고는 마취 당시 독성반응 등 부작용에 대한 충분한 고려 없이 과량의 리도카인을 투여[4]하고 국소마취제의 혈관 내 주입을 방지하기 위한 조치를 다하지 않았다. 환자는 마취 후 10~20분 만에 강직성 간대성 경련, 의식소실 등 중추신경계 증상이 연달아 나타났고 결국 호흡 및 맥박 정지 후 저산소성 뇌손상을 입게 되었다. 환자에

---

4) 피고 의원 내원 당시 환자의 몸무게가 약 48kg이었던 점을 감안하면 리도카인 적정투약용량은 192mg 내지 216mg 정도임.

게 나타난 증상은 국소마취제 독성반응의 일반적인 증상에 해당하며, 두드러기와 같은 피부 증상이나 부종 등 국소마취제 과민성 쇼크(아나필락시스)에 동반되는 증상은 전혀 나타나지 않았다.

또한 피고가 주장한 방법으로는 국소마취제의 혈관 내 주입을 완전히 방지할 수 없고, 피고가 국소마취제 투여 시 이명, 어지러움 등 환자의 감각 이상여부를 확인하였거나 혈관 내 주입의 방지를 위한 흡인검사를 시행하였다고 볼 증거가 없다.

나. 적절한 사후 조치를 취하지 않은 과실: 법원 인정

(1) 원고 주장

피고는 환자에게 리도카인 독성반응에 의한 의식저하 및 경련이 발생한 후에도 환자의 증상을 알러지 반응으로 오진하여 스테로이드제만을 투약하였을 뿐 산소 공급, 호흡 보조, 항경련제 투약 등의 적절한 사후 조치를 취하지 않았다. 또한 119 구급대가 도착한 후에도 전원조치를 지연함으로써 환자가 저산소성 뇌손상을 입고 식물인간 상태에 이르게 된 과실이 있다.

(2) 법원 판단

피고는 환자에게 리도카인 독성작용으로 경련, 의식소실 등의 중추신경계 증상이 발생하였음에도 경련에 의한 2차 손상을 방지하기 위한 항경련제를 투여하지 못하였을 뿐만 아니라 적기에 적절한 방법으로 산소를 공급하지 못한 과실이 있다. 또한 국소마취제의 독성반응이 발생한 경우에 증상이 가벼우면 활력징후를 유지하면서 관찰할 수도 있지만, 환자의 경우 의식소실 상태에서 경련이 지속되어 즉시 적극적인 조치가 필요한 상황이었음에도 피고는 별다른 조치 없이 구급대원들에게 5~6분간 대기하도록 하여 이송을 지연시킨 과실이 인정된다.

다. 설명의무 위반 여부: 법원 인정

(1) 원고 주장

피고는 국소마취 전 리도카인의 독성반응 등 부작용의 발생가능성, 부작용 발생시의 처치 및 예후, 부작용 치료를 위한 전원의 가능성 등에 관한 설명을 하지 않음으로써 환자에 대한 설명의무를 위반하였다.

(2) 법원 판단

국소마취를 하면서 과용량의 리도카인을 투여할 경우 독성반응 등의 부작용이 발생할 가능성이 있는데, 피고가 마취 전 환자에게 국소마취의 방법 및 필요성, 부작용의 발생 가능성, 부작용 발생 시의 처치 및 예후, 부작용 치료를 위한 전원의 가능성 등에 관하여 설명하였다는 점을 인정할 증거가 없다.

3. 손해배상범위 및 책임 제한

가. 피고의 손해배상책임 범위: 40% 제한

나. 제한 이유

(1) 리도카인은 치과, 피부과 등의 임상에서 일반적으로 사용되는 국소마취제로서 비교적 부작용이 적고 안정적인 효과가 있는 것으로 알려져 있는 점

(2) 피고가 이 사건 마취와 같은 방법을 사용하는 경우에도 리도카인의 독성반응이 나타난 적은 없었던 것으로 보이는데, 이 사건 마취의 경우 통상적인 경우와 달리 리도카인의 독성반응이 급격하게 진행되었는 바, 증상의 발생 및 결과에 환자의 체질적 소인이 어느 정도 영향을 미쳤을 것으로 보이는 점

(3) 피고는 개인 의원을 운영하는 피부과 전문의로서 리도카인의 독성반응으로 발생한 중추신경계 증상에 대한 처치에 어려움이 있었을 것으로 보이는 점

(4) 환자에게 의식소실, 경련 등의 증상이 발생한 이후 피고가 기도를 확보하고 산소포화도를 측정하는 등 기본적인 응급처치는 시행하고 있었던 것으로 보이는 점

다. 손해배상책임의 범위

(1) 청구금액: 1,623,949,603원

(2) 인용금액: 518,732,258원

　① 재산상 손해: 525,884,772원{(일실수입＋기왕 치료비＋기왕 개호비＋
　　기왕 보조구비＋향후 치료비＋향후 개호비＋향후 보조구비)×40%}

　　－ 일실수입: 614,495,776원

　　　　　－ 기왕 치료비: 172,196,784원

　　　　　－ 기왕 개호비: 107,190,000원

　　　　　－ 기왕 보조구비: 167,000원

　　　　　－ 향후 치료비: 173,415,568원

　　　　　－ 향후 개호비: 213,245,404원

　　　　　－ 향후 보조구비: 34,001,400원

　　② 공제비: 39,152,514원

　　　　　－ 피고가 이미 지급한 치료비: 65,254,190원

　　　　　－ 원고 부담 부분: 39,152,514원{65,254,190원×(100%−피고의 책임
　　　　　　비율 40%)}

　　③ 위자료: 32,000,000원

4. 사건 원인 분석

　　이 사건에서 환자는 양쪽 겨드랑이 다한증 치료를 위해 땀샘을 제거하는 리포셋 시술을 이미 2년 여 전에 받았다. 이후 다한증이 재발하자 피고 의원에 내원하였고, 피고는 절연침을 통해 땀샘을 파괴하는 고바야시 시술을 권유하였다. 고바야시 시술을 시행하기 위해 환자의 양쪽 겨드랑이에 생리식염수와 2% 리도카인을 혼합한 리도카인 희석액을 주입하였다. 환자에게 약물 주입 후 10~20분 정도가 지나자 의식 소실 및 강직성 간대성 경련 증상이 나타났으며, 이에 피고는 두부후굴 하악거상법으로 기도를 확보하고 수액을 공급하면서 스테로이드제인 덱사메타손을 투여하였다. 약 5분 후 119 구급대가 도착할 당시 환자는 여전히 경련 증상을 보였고, 산소포화도는 90% 이상으로 측정되었다. 잠시 기다려보자는 피고의 말에 따라 5~6분 정도 대기하였으나 환자의 코와 입에서 분비물이 나오는 등 상황이 악화되자 타 병원으로 이송하였다. 구급차 내에서 환자의 호흡과 맥박이 정지하고 동공반응은 소실되어 구급대원이 심폐소생술을 시행하였다. 환자는 호흡과 맥박이 정지된 상태로 타 병원에 도착하여 의료진이 심폐소생술을 시행하였고, 호흡과 맥박이 회복되었으나 저산소성 뇌손상을 입게 되었다. 현재 환자는 고도의 뇌손상에 의한 최소 의식의 식물인간 상태이다. 이 사건과 관련된 문제점 및 원인을 분석해본 결과는 다음과 같다.

첫째, 피고는 마취 당시 독성반응 등 부작용에 대한 충분한 고려 없이 과량의 리도카인을 투여하였다. 이로 인해 환자에게 리도카인 독성 반응이 나타났고, 리도카인 독성반응에 의한 의식저하 및 경련, 이로 인한 저산소성 뇌손상이 발생하였다. 리도카인과 같은 국소마취제는 적절한 해부학적 위치에 알맞은 용량을 사용하면 거의 부작용이 나타나지 않으나, 과다한 용량이 투여된 경우 또는 다량의 국소마취제가 혈관 내지 지주막하에 주사되어 혈관 내 국소마취제 농도가 급격하게 올라가는 경우에는 독성반응이 나타나게 된다.5) 피고 의원 내원 당시 환자의 몸무게가 약 48kg이었던 점을 감안하면 리도카인 적정투약용량은 192mg 내지 216mg 정도이나 피고는 330mg의 리도카인을 투여하여 리도카인 독성 반응을 일으켰다고 법원에서 판단하였다.

둘째, 신경학적 증상 발생시 적절한 조치가 취해지지 않았다. 리도카인의 독성 반응이 발생하는 경우 즉시 항경련제 투여, 기관 내 삽관, 적절한 산소 공급을 통해 저산소성 뇌손상을 방지하는 것이 중요하나 피고는 환자에게 리도카인의 독성작용으로 경련, 의식소실 등의 중추신경계 증상이 발생하였음에도 경련에 의한 2차 손상을 방지하기 위한 항경련제를 투여하지 않았고, 적절한 시기에 적절한 방법으로 산소를

〈표 18〉 원인분석

분석의 수준	질문	조사결과
왜 일어났는가? (사건이 일어났을 때의 과정 또는 활동)	전체 과정에서 그 단계는 무엇인가?	- 환자 마취 단계 - 응급조치 단계

가장 근접한 요인은
무엇이었는가?
(인적 요인, 시스템
요인)
	어떤 인적 요인이
	결과에 관련
	있는가?
		• 의료인 측
		- 국소마취제 과량 투여 및 투여 시 환자에게 감각
		  이상 여부를 질문하거나 환자의 상태를 주의 깊게
		  관찰하지 않음

	시스템은 어떻게 결과에 영향을 끼쳤는가?	

---

5) 해당 내용은 판결문에 수록된 내용임.

공급하지 않았다(〈표 18〉 참조).

5. 재발방지 대책

〈그림 18〉 판례 18 원인별 재발방지 사항

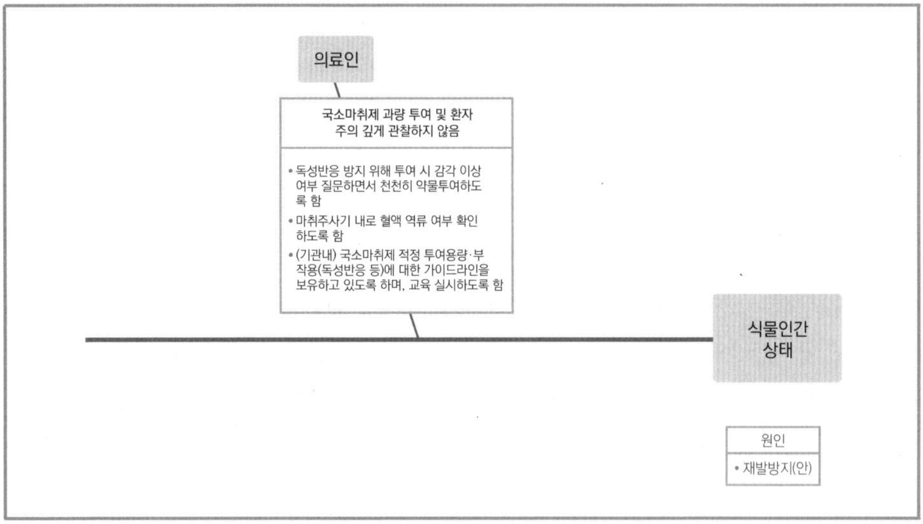

원인별 재발방지 대책은 〈그림 18〉과 같으며, 각 주체별 재발방지 대책은 아래와 같다.

(1) 의료인의 행위에 대한 검토사항

국소마취제의 부작용인 독성반응을 방지하기 위해서는 국소마취제를 투여할 때 환자에게 이명, 어지러움 등의 감각 이상이 있는지 여부를 질문하면서 약물을 천천히, 간헐적으로 주입하는 등으로 환자의 상태를 주의 깊게 관찰해야 한다. 또한 마취주사기 내로 혈액의 역류 여부를 확인하는 흡인검사를 통하여 혈관 내 주입 여부를 확인하여야 한다. 더불어 국소마취 등을 실시할 때에는 독성반응 등의 부작용이 나타날 수 있음을 의료인 스스로 인식하고, 주의하여야 할 필요가 있다.

(2) 의료기관의 운영체제에 관한 검토사항

의료기관은 국소마취제 적정 투여용량·부작용(독성반응 등)에 대한 가이드라인을 보유하고 있도록 하며 국소마취제 사용이 빈번한 의료인을 대상으로 교육을 시행하여야 한다. 특히 의원급 의료기관의 경우 운영자는 타 병원이나 학회의 가이드라인을 참고하여 기관내 의료진에게 관련 내용을 알리고 교육하는 것이 필요하다.

통증클리닉(신경차단) 관련 판례

통증클리닉(신경차단)
관련 판례

판례 19. 경막외신경차단술 후 광범위한 뇌손상이 발생한 사건_서울중
앙지방법원 2013. 7. 2. 선고 2011가합125088 판결

환자는 경막외 신경차단술 후 1~2분이 지난 뒤 오심 및 구토를 하였고 갑작스
럽게 호흡부전 및 심정지가 발생하였다. 응급처치 후 생체 징후는 안정되었으나 의식
상태 호전 지체되어 상급병원으로 전원하였고, 전원한 병원에서 실시한 MRI 상에서
광범위한 뇌손상이 발견되었다. 이후 치료를 시행하여 일부 증상이 호전되었고, 다른
병원으로 전원한 상태인 사건이다[서울중앙지방법원 2013. 7. 2. 선고 2011가합125088 판
결]. 이 사건의 자세한 경과는 다음과 같다.

1. 사건의 개요

날짜	시간	사건 개요
2011. 9. 26		• 피고병원 내원하여 요통 호소(환자 남자) • 방사선 검사 및 MRI 검사 결과 제4-5번 요추 양측 척추관 및 신경 　공 협착증 있는 것으로 진단하고, 신경차단술 권유
2011. 9. 29		• 신경차단술 받기 위해 병원 내원 • 시술 전 혈액, 흉부 방사선 및 심전도 검사 시행. 심전도 검사 결과 　우측 전도 부분 차단(ICRBBB) 발견됨

날짜	시간	사건 개요
2011. 9. 29		• 리도카인으로 피부마취 후 나비카테터를 천추공 통해 요추 4-5번 경막 외로 삽입한 다음 추간공 경유 신경 블록에 국소마취제인 로피바케인을 주입하는 경막외 신경차단술 실시
	12：05	• 오심 호소하며 구토. 바로 호흡부전 및 심정지 발생 • 바로 에피네프린, 덱사메타손 투여
	12：05~ 12：10	• 산소마스크 통해 호흡 보조하며 병원 내과 과장을 불러 기관내 삽관을 시행하고 에피네프린과 아트로핀 투약
	12：30~ 12：40	• 혈압강하제(라베신)와 진정제(프로포폴)투여 • 응급조치 후 생체 징후 안정되었으나 의식 상태 호전 지체됨
	16：08	• 뇌 CT상 특이사항 없어 상급병원으로 전원 결정
	16：50	• A병원 응급실 도착 • 의식상태 혼미, 호흡은 안정적이나 혈압 172/75mmHg, 맥박 142회/분 • 뇌 MRI 검사 상 광범위한 손상 발견됨
2011. 10. 17		• A병원에서 치료 받다가 의식이 돌아오는 등 일부 증상이 호전되어 B병원으로 전원함

2. 쟁점별 당사자 주장과 법원의 판단

가. 이 사건 시술 과정에서의 과실 유무: 법원 인정

(1) 원고 주장

피고는 시술 중 흡인검사를 하여 정확한 위치에 약물이 투여되는지 확인하여야 하고, 시술 중에는 심전도 감시와 혈압측정 등을 통해 계속하여 활력 징후에 이상이 생기는지 여부를 감시하여야 할 주의의무가 있다. 하지만 피고는 이를 소홀히 한 과실이 있으며, 국소마취제인 ropivacaine을 원고의 척수강이나 혈관 안으로 잘못 투여하거나 빠르게 투여하여 원고에게 국소마취제에 의한 중추신경계나 심혈관계 독성으로 말미암은 심정지를 일으킨 과실이 있다.

(2) 피고 주장

시술 당시 C-arm[1])을 사용하여 조영촬영을 통해 주의 깊게 ropivacaine을 투여하였으므로 최선의 조치를 다하였고, 혈관이나 척수강 내 등 다른 부위에 ropivacaine을 투여할 가능성이 없다고 주장한다.

(3) 법원 판단

피고가 당시 사용한 ropivacaine의 농도나 용량 자체가 과도하였다고 보기는 어렵다. 그러나 건강상의 특별한 이상이 없던 원고가 피고로부터 국소마취제를 투여받은 후 심정지 등 심혈관계 독성의 증상을 보이고, 피고들이 원고의 위와 같은 증상이 시술 상 과실이 아닌 다른 원인으로 발생한 것이라는 사실을 입증하지 못하고 있다. 시술과정에서 경과관찰을 제대로 하지 않은 채 ropivacaine을 짧은 시간 안에 빠르게 투여하였거나, 주사과정에서 흡인검사 등을 제대로 시행하지 않은 채로 주사기를 잘못 조작하여 혈관 내지 척수강 내에 직접 ropivacaine을 주사하는 등의 과실이 있었다. 이로 인하여 국소마취제가 예상보다 빠르게 전신으로 흡수되면서 독성 반응을 일으킨 결과 발생하였다고 봄이 상당하고, 피고의 과실과 원고의 악결과 사이의 인과관계는 추정된다 할 것이다.

C-arm은 나비카테터가 들어가는 위치를 실시간으로 영상기기로 표시하여 주는 장치에 불과하기에 C-arm을 보며 시술을 시행하였다는 사실만으로 혈관이나 척수강 내로 ropivacaine이 주입되는 것을 완전히 방지할 수 있다고 보기는 어렵다.

나. 응급처치 상 과실 및 전원의무 위반: 법원 불인정

(1) 원고 주장

응급상황이 발생한 후 원고를 회복시키기 위하여 신속하게 대처하여야 함에도 혈압강하제나 진정제를 투여하는 등 적절한 조치를 취하지 않고, 응급상황이 발생한 지 4시간 만에 상급병원으로 전원하는 등 원고의 전원을 지체한 과실이 있다.

(2) 법원 판결

국소마취제의 사용으로 심혈관계 중독이 발생하여 호흡부전이나 심정지가 발생

---

1) 이동식 엑스레이 촬영장비.

하는 경우 심폐기능을 소생시키기 위하여 심폐소생술을 시행하여야 하는데, 피고 병원 의료진은 원고에게 응급상황이 발생하자 바로 에피네프린, 아트로핀 등 심폐소생을 위한 약물을 투여하였다. 과민반응을 진정시키기 위해 스테로이드제인 덱사메타손을 투여하였으며 산소마스크를 얼굴에 밀착시키고 호흡을 보조하여 주면서 환기하고, 기관내 삽관을 통한 산소를 공급하는 등 심폐기능의 회복을 위하여 노력하였다. 진료기록에 따르면 5~10분가량 심장마사지를 하였다고 기록되어 있다. 국소마취제 독성이 의심되는 경우 진정제를 투여하는 것도 적절한 처치인데, 원고에게 혈압강하제와 진정제를 투약하여 환자의 활력 징후를 안정시킨 후 의식 회복을 기다리다가 뇌출혈 등의 이상 유무를 확인하기 위해 뇌 CT 촬영을 하였다. 뇌 CT 판독 결과 별다른 이상이 없자 상급병원으로 전원하였던 점을 종합하여 보면, 피고 의료진의 응급처치나 전원조치가 특별히 지체되었거나 부적절하였다고 볼 수 없고 이에 과실이 있었다고 단정하기 어렵다.

다. 설명의무 위반: 법원 인정

(1) 원고 주장

피고는 시술 전 원고에게 국소마취제인 ropivacaine의 전신성 중독에 따른 부작용을 설명하지 않은 과실이 있다.

(2) 법원 판결

피고가 국소마취제인 ropivacaine의 전신성 중독에 의한 부작용 등에 대한 설명의무를 제대로 이행하였다는 점을 인정하기 부족하고, 달리 이를 인정할 증거가 없다.

3. 손해배상범위 및 책임 제한

가. 피고의 손해배상책임 범위: 60% 제한

나. 제한 이유

(1) 이 시술은 경막 외로 국소마취제가 주입되는 시술로서 시술 중 충분히 주의

를 기울인다 해도 국소마취제로 인한 독성반응이나 전척추마비와 같은 문제는 항상 발생할 수 있으며, 이로 인해 의식저하나 호흡정지, 심정지와 같은 합병증이 발생할 수 있는 점

(2) 수술 직후부터 전원시까지 기관지삽관을 통한 호흡유지, 강심제 투여 등 응급처치를 하려고 노력하였던 점

다. 손해배상책임의 범위

(1) 청구금액: 611,769,760원

(2) 인용금액: 318,177,123원

① 재산상 손해: 293,177,123원{(일실수입＋기왕치료비＋향후치료비＋개호비)×60%}

- 일실수입: 17,642,740원

- 기왕치료비: 46,875,590원

- 향후치료비: 23,755,405원

- 개호비: 400,354,804원

② 위자료: 25,000,000원

4. 사건 원인 분석

이 사건에서 환자는 요통으로 내원하여 MRI결과 제4－5번 요추 양측 척추관 및 신경공 협착증이 있는 것으로 진단받았다. 시술 전 혈액 및 흉부 방사선·심전도 검사 결과 우측 전도 부분 차단 및 좌측변위가 발견되었다. 피부 마취를 한 후 나비 카테터를 천추공을 통해 요추 제4－5번 경막 외로 삽입한 다음 추간공 신경 블록에 국소마취제인 ropivacaine을 주입하는 경막외 신경차단술을 실시하였다. 시술 후 1~2분이 지나자 오심을 호소하면서 구토를 하였고, 갑작스럽게 호흡부전 및 심정지가 발생하였다. 바로 에피네프린, 덱사메타손을 투여하고, 산소마스크를 통해 환자의 호흡을 보조하면서 피고 병원 내과 과장을 불러 기관내 삽관을 시행하고 에피네프린과 아트로핀을 투여하였다. 혈압이 상승하자 혈압강하제와 진정제를 투여하였다. 이후 생체 징후는 안정되었으나, 의식 상태는 호전이 매우 느렸다. 피고 병원은 환자의

의식 회복이 지체되어 뇌 CT를 촬영하였으나 별 다른 이상을 발견하지 못하여 상급 병원으로 전원하였다. 타 병원 응급실에 도착하여 검사한 MRI 상에서 뇌에 광범위한 손상이 발견되었으며, 이후 응급실에서 치료를 받다가 의식이 돌아오는 등 일부 증상이 호전되자 다른 병원으로 전원하여 치료를 계속 진행하였다. 이 사건과 관련된 문제점 및 원인을 분석해본 결과는 다음과 같다.

첫째, 환자에게 신경차단방법에 대한 설명이 미흡하였다. 이 사건에서 법원은 피고가 국소마취제인 로피바케인의 전신성 중독에 의한 부작용 등에 대한 설명의무를 제대로 이행하였다는 점을 인정하기에 부족하다고 하였다.

둘째, 국소마취제인 ropivacaine을 원고의 척수강이나 혈관 안으로 잘못 투여하거나 빠르게 투여하여 원고에게 국소마취제에 의한 중추신경계나 심혈관계 독성으로 말미암은 심정지를 일으킨 과실이 있다. 원고는 수술 전에 특별한 건강상의 이상이나 약물에 대한 과민반응이 없었으나 국소마취제인 ropivacaine을 투여 받은 직후부터 구토, 오심 증상이 발생하고 바로 호흡정지 및 심정지가 발생하였다. 하지만 진료기록부에는 ropivacaine 투여를 시작한 시간이나 총 투여시간, 마취 전 및 마취 당시 원고의 혈압, 호흡, 맥박 등의 활력징후 등이 제대로 기재되어 있지 않았다. 경막외로 투여된 약이 예상보다 빠르게 확산되거나 실수로 혈관 내로 투여되는 경우 국소마취제가 전신으로 흡수되어 독성반응을 일으키게 되고 약제가 경막을 통과하여 척

〈표 19〉 원인분석

분석의 수준	질문	조사결과
왜 일어났는가? (사건이 일어났을 때의 과정 또는 활동)	전체 과정에서 그 단계는 무엇인가?	−마취 및 시술 과정
가장 근접한 요인은 무엇이었는가? (인적 요인, 시스템 요인)	어떤 인적 요인이 결과에 관련 있는가?	• 의료인 측 −시술 과정에서 지속적으로 환자의 상태를 감시하지 않음 −마취방법에 대한 설명 미흡
	시스템은 어떻게 결과에 영향을 끼쳤는가?	

수강 내에 주입되게 되면 전척추가 마취될 가능성이 있다(〈표 19〉 참조).

5. 재발방지 대책

〈그림 19〉 판례 19 원인별 재발방지 사항

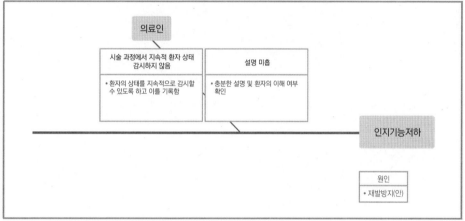

원인별 재발방지 대책은 〈그림 19〉와 같으며, 각 주체별 재발방지 대책은 아래와 같습니다.

(1) 의료인의 행위에 대한 검토사항

(가) 환자 상태 감지

의료인은 시술 과정에서 환자 상태를 계속적으로 감지하여야 한다. 그리고 '마취기록지' 등을 활용하여 환자의 상태를 기록하여야 한다. ropivacaine과 같은 국소마취제는 부작용으로 경련 등의 중추신경계 독성을 유발시킬 수 있다. 그러므로 이와 같은 국소마취제를 투여 할 때에는 환자에게 이명, 어지러움 등의 감각 이상이 있는지 여부를 질문하면서 국소마취제를 사용하여야 한다. 국소마취제를 사용할 때는 천천히 간헐적으로 주입하여야 하고, 자주 흡인검사를 통하여 척수액이나 혈액이 흘러나오지 않는지 확인하는 등 지속적으로 환자의 상태를 주의 깊게 관찰하는 것이 필요하다.

(나) 충분한 설명 시행

의료인은 환자에게 의료행위에 대해 충분한 설명을 제공하여야 한다. 또한 진료기록부에 설명시행 여부, 시행주체, 시행 내용 등을 기록하여야 하고, 설명 후 환자의 이해도를 확인하여야 한다.

｜ 참고자료 ｜ 사건과 관련된 의학적 소견2)

1. 요추 부위 신경차단술

요추 부위 신경차단술은 추간판탈출증으로 인해 다리나 팔로 내려가는 신경근육을 누를 때, 그 신경근만 선택적으로 약물을 주입해 통증을 해결하는 방법으로 C-arm이라는 기구를 통해 조영 촬영한 후 신경근을 확인한 뒤 해당 부위에 주사를 하는 시술이다.

약물에 의한 신경차단술은 국소마취제 단독으로 시행하는 방법과 국소마취제에 스테로이드를 혼합하여 주사하는 방법이 있다. 어느 방법이든 가는 주삿바늘을 이용하여 염증이 있거나 흥분된 신경주위 즉, 통증을 전달하는 신경부위에 약물을 투여하여 일시적 또는 장기간에 걸쳐서 과민해진 신경으로 인하여 발생되는 통증을 완화하거나 치료하는 방법이다.

이와 같은 국소마취제를 이용한 신경차단술은 경막외마취의 일종으로 국소마취제가 신경뿌리뿐만 아니라 척수 자체에도 파급되어 신경 전도를 차단하기도 하며, 그 외에 교감신경을 차단하여 저혈압 및 서맥 등이 유발되도록 심장혈관계통에도 영향을 미친다.

2. 국소마취제의 독성

국소마취제의 전신적 독성은 ① 중추신경계 독성, ② 심혈관계 독성으로 구분된다. 중추신경계 독성은 먼저 흥분성 독성으로 인하여 경미한 증상부터 발작에 이르는 심한 증상이 있고, 심혈관계 독성은 저혈압 및 서맥으로부터 심정지까지 발생한다.

특히 심혈관계 독성은 국소마취제가 투여되면서 심세포막에서 빠른 나트륨 이온통로를 방해하게 되며, 심근의 푸르키녜 섬유와 심실근육의 빠른 전도조직의 탈분극률을 줄이면서 나타나게 된다.

국소마취의 독성을 막는 가장 좋은 방법은 계속 혈액의 역류 여부를 확인함으로써 혈관 내 및 지주막하강 내로 들어가지 않도록 해야 하며, 천천히 간헐적으로 국소마취제를 주사하여야 한다.

서서히 주사할 때 나타나는 중추신경계의 독성은 대부분 혈관 내 주사에 의한 것으로 국소마취제의 주사를 중단하고 산소를 투여하면서 환자를 안심시키면 되는데, 이는 약물이 빨리 재분포되어 혈액 내 농도가 감소하기 때문이다. 늦게 경미한 증상을 보인 환자는 산소와 소량의 티오펜탈이나 벤조디아제핀 같은 항경련제로 치료할 수 있으나, 심하고 지속적인 증상을 보이

---

2) 해당 내용은 판결문에 수록된 내용임.

는 환자는 실제로 발작을 일으킨 환자에 준해서 치료하여야 한다. 국소마취제의 전신적인 독작용에 의한 발작이나 호흡정지가 발생하면 기도를 유지하고 100% 환기 및 근육이완제인 숙시닐콜린을 투여하여야 하며, 이외에도 저혈압을 치료하기 위한 a 또는 ß작용제를 투여해야 하고, 심부정맥이 발생하면 심율동 전환기나 brelylium 등을 투여하여 심정지 발생 등을 막아야 한다.

판례 20. 시술 중 환자의 활력징후 관찰 및 응급상황 시 처치 소홀로 인한 뇌손상 발생 사건_서울고등법원 2015. 3. 12. 선고 2014나24350 판결

57세 여자환자는 경추부 통증을 호소하며 내원하였고, 경막외 신경차단술을 시행하기로 했다. 의사는 시술 중 환자의 활력징후 및 산소포화도를 체크하지 않았고, 시술 후 환자는 갑자기 호흡정지 상태에 빠졌다. 119 구급대를 통해 타병원으로 이송하였으나 현재 환자는 자발 호흡은 유지되고 있으나 뇌사에 가까운 상태에서 지속적인 식물인간상태이며 중증의 뇌 손상을 입은 상태이다[서울중앙지방법원 2014. 4. 22. 선고 2013가합30276 판결; 서울고등법원 2015. 3. 12. 선고 2014나24350 판결]. 이 사건의 자세한 경과는 다음과 같다.

1. 사건의 개요

날짜	시간	사건 개요
2010. 12.경		• 피고 병원에서 무릎관절통증, 고혈압, 고콜레스테롤혈증 등으로 치료받아옴(환자 여자. 사고 당시 57세)
2013. 1. 11		• 양측 상지 통증을 동반한 경추부 통증을 주된 증상으로 내원함
	16 : 08	• 문질결과 경흉추부 신경뿌리병증으로 진단한 후 신경차단술 시행하기로 함 • 방사선 검사 및 MRI 검사 없이 점심식사 여부만 물어봄
	16 : 17 ~ 16 : 18	• 천자 바늘을 연결한 주사기를 방정중접근법3)으로 경추 제6번, 제7번 극돌기 – 횡돌기 경막 외 공간에 진입시킨 후 리도카인, 생리식염수, 트리암시놀론(스테로이드)의 혼합액을 주입하는 경막 외 신경차단술 실시함

---

3) 경추 부위에서의 바늘진입방법으로는 정중 접근법과 방정중법이 있는데, 정중 접근법은 정가운데에서 극돌기와 같은 방향으로 바늘을 진입시키는 방법이고, 방정중법은 횡돌기 근처에서 바늘 진입을 시작하여 비스듬히 기울여 들어가는 방법을 말한다.

날짜	시간	사건 개요
2013. 1. 11	16 : 19	• 주사바늘을 삽입하는 과정에서 저항소실법4)으로 시술을 시행함 • 갑자기 호흡정지 상태에 빠짐 • 기도 확보 후 구강 대 구강 인공호흡 및 기본 생명유지술 실시함 • 간호사로 하여금 119에 신고함
	16 : 24	• 119구급대 도착함 • 이미 의식이 없는 혼수상태로 심장무수축(asystole) 상태였음 • 후두마스크를 삽입함 • BVM(산소공급장치)를 통해 산소공급함 • 수액을 공급하여 순환보조함 • 약 2분간 심폐소생술을 실시함
	16 : 27	• 인근의 F병원으로 이송하던 중 F병원에서 응급처치 불가하다고 하여 E병원으로 이송함
	16 : 42	• E병원 응급실 도착함 • 계속하여 혼수상태 및 심장무수축 상태임 • 중환자실로 입원함
	16 : 51	• 혈액순환은 회복되었으나 여전히 혼수상태임 • 뇌 CT 촬영 결과 뇌부종 확인됨
2013. 2. 1		• 자발호흡은 유지되나 뇌사에 가까운 상태임 • G병원으로 전원되어 치료 받고 있음
현 재		• 전반적인 중증의 뇌손상으로, 눈을 뜨는 것은 가능하나 의사소통 불가능하고, 사지의 자발적 움직임은 있으나 음식물 섭취 및 배뇨와 배변이 불가능하며, 생명유지를 위한 일상생활을 스스로 할 수 없는 상태임

---

4) 주사바늘을 삽입하는 과정에서 주사바늘 위치를 실시간 촬영하는 방사선 장비 등을 사용하지 않은 채 주사바늘이 경막 외 공간에 도달하는 순간 주사바늘의 저항감이 소실되는 느낌을 통하여 주사바늘의 위치를 확인하는 시술 방법.

2. 쟁점별 당사자 주장과 법원의 판단

가. 금지된 약물 사용에 따른 과실 여부: 법원 불인정

(1) 원고 주장

원고들은 피고가 시술을 시행하면서 사용한 트리암세놀론(스테로이드) 약제는 하반신마비, 사망 등 심각한 이상반응이 나타날 수 있는 위험한 약물로 식약청에 의해 경막 외 주사제로 사용하는 것이 금지되었음에도, 피고가 트리암시놀론을 사용하여 시술을 시행한 잘못이 있다고 주장한다.

(2) 피고 주장

피고들은 시술 당시 식약청에 의해 트리암시놀론을 경막 외 주사제로 사용하는 것이 금지된 바 없으므로, 트리암시놀론을 약제로 사용한 것을 과실로 볼 수 없다고 주장한다.

(3) 법원 판단

식품의약품안전청이 2013. 1. 8.경 미국 식품의약국(FDA)에서 트리암시놀론을 경막 외 주사제로 사용하는 것을 금지한 것과 관련하여 국내에서도 트리암시놀론의 사용상 주의사항에서 경막 외 주사 약제로 권장하지 않는 것으로 국내 제약업체 등에게 2013. 3. 15.까지 주의사항을 변경하도록 지시한 사실이 있다. 대한의사협회장이 2013. 3. 14. 개원의협회장 등을 상대로 변경사항을 안내한 사실이 있으나, 2013. 1. 11. 당시에는 트리암시놀론이 통상의 의사에 의해 경막 외 신경차단술 시행 시 스테로이드로 널리 사용·시인되고 있었으므로 피고가 시술을 함에 있어 금지된 약물을 사용한 과실이 있다고 볼 수 없다.

나. 시술과정상의 과실 유무: 법원 인정

(1) 원고 주장

원고들은 피고가 환자에 대하여 시술을 시행하기에 앞서 자세한 문진 및 방사선 검사, MRI 검사를 통해 적절한 치료방법을 선택하고, 약물 투약 내역 확인 및 혈액 검사를 통해 출혈 위험을 확인하는 조치를 취하며 시술 시행 중에도 활력징후 및 산소포화도를 계속 감시하여야 한다고 주장한다. 더불어 영상장치 등을 이용하여 정확한 위치에 약물이 투여됐는지 확인하여야 할 주의의무가 있음에도 사전검사, 활력징후 감시 등을 전혀 하지 않고 만연히 시술을 시행함으로써 약제를 환자의 척수강이나 혈관 안으로 잘못 투여한 과실이 있다고 주장한다.

(2) 피고 주장

피고는 시술을 받기 위해 내원한 환자에게 기도흡입을 방지하기 위해 점심식사 여부를 확인한 후 앉은 자세를 취하도록 하고, 방정중접근법으로 천자바늘을 경막 외 공간에 진입시킨 후 척수액 흡입 여부를 확인한 후에 약제를 주입하였고, 환자에게 발생한 악결과는 현재 의학수준으로는 막을 수 없는 시술에 따른 합병증이라고 주장한다.

(3) 법원 판단

피고로서는 시술에 앞서 평소의 약물 투약 내역을 확인하고 혈액 검사를 통하여 출혈 위험성의 여부, 혈역학적 변화에 영향을 주는 약물 복용 여부 등을 확인했어야 했다. 더불어 시술 전에 MRI 검사를 통해 환자의 척추 부위 해부학적 정보를 정확히 파악하거나 시술을 시행하면서 영상장비 또는 조영제를 사용하여 경막 외 공간에 정확히 약제가 퍼지는지 확인하였어야 하며, 시술 전·중·후 전반에 걸친 활력징후와 산소포화도를 감시하여야 함에도 이러한 조치를 취하지 않았다. 환자는 시술 전에는 특별한 건강상 이상이나 약물에 대한 과민반응이 없었는데 시술 과정에서 국소마취제인 리도카인과 트리암시놀론을 투여 받은 직후부터 호흡정지 및 심정지가 발생하였다. 또한 피고가 작성한 진료기록에는 환자의 체중, 약제 투입 시작, 총 투여시간, 시술 방법, 시술 자세, 소독 여부, 사용한 바늘 크기, 혈액이나 척수액 흡인 여부, 시술 전·후 활력 징후 등이 제대로 기록되어 있지 않다. 경막 외 신경차단술 도중 뇌 및 심장질환 질환이 없었음에도 급작스런 호흡정지 현상이 발생하는 것은 환자에 대한 경과관찰을 소홀히 한 상태에서 시술을 시행하던 중 약제가 혈관 내지 척수강 내로 잘못 투여되었을 때 나타나는 증상으로 과실이 있었다고 봄이 상당하다.

다. 응급처치상의 과실 유무: 법원 인정

(1) 원고 주장

원고들은, 약제로 인한 호흡정지, 심정지 등에 대비하여 심폐소생술을 위한 장비를 완전히 갖춘 상태에서 시술을 시행하여야 함에도 피고가 심폐소생술을 위한 장비를 전혀 갖추지 않은 채로 시술을 하다가 환자에게 호흡정지 및 심정지가 발생하자 기본 생명유지술 외에 기관내 삽관, 에피네프린, 아트로핀 등의 약물 투여, 전기적 제세동 조치 등을 전혀 실시하지 않은 과실이 있다고 주장한다.

(2) 피고 주장

피고들은 피고 병원과 같은 의원급 의료기관에서는 현실적으로 기관내 삽관, 에피네프린, 아트로핀과 같은 약물, 제세동기 등을 비치할 수 없고, 비치하여야 할 법적 의무가 없다고 주장한다. 더불어 환자에게 호흡정지 및 심정지가 발생하였을 때 즉시 기본 생명유지술을 시행하였고, 상급 병원으로 신속하게 전원 조치하였기 때문에 응급처치 상 주의의무 위반을 하지 않았다고 주장한다.

(3) 법원 판단

응급의료에 관한 법률은 응급구조 상황이 발생할 수 있는 구급차, 공항, 다중이용시설 등에 응급장비를 갖추도록 규정한 것일 뿐이어서 피고가 시술 과정에서 발생할 수 있는 위험상황에 대비할 주의의무와는 관계가 없다. 그러나 피고로서는 환자에게서 호흡정지 증상이 나타날 것을 예견하여 미리 그에 대비한 응급장비 및 약물을 준비하고, 실제로 환자에게서 호흡정지 증상 등이 나타난 경우 이에 대하여 후두마스크 삽입, 산소 공급장치를 통한 산소공급, 에피네프린 투여 등 적절한 응급처치를 하여야 함에도 불구하고, 준비부족으로 응급처치를 제대로 하지 않은 과실이 있다고 봄이 상당하다. 다만 환자는 119 구급대 도착 시나 E병원 응급실 도착 시 심장 무수축 상태로 제세동 적응증이 아니었으므로, 원고들의 제세동 미시행 과실에 대한 주장은 이유 없다.

라. 설명의무 위반 여부: 법원 인정

(1) 원고 주장

피고가 시술 전 환자에게 약제(리도카인, 트리암시놀론)에 의한 부작용, 즉 전척추 마비 또는 전신 독성 반응을 설명하지 않은 과실이 있다고 주장한다.

(2) 피고 주장

피고는 환자에게 시술에 따른 부작용을 상세히 설명하였을 뿐 아니라, 설령 그렇지 않다 하더라도 환자가 이미 시술에 따른 부작용을 정확히 아는 상태에서 시술을 요청해 왔으므로 피고가 환자에게 별도로 부작용을 설명할 필요가 없었다고 주장한다.

(3) 법원 판단

피고가 환자에게 시술에 따른 부작용에 대한 설명의무를 제대로 이행하였다는 점을 인정할 만한 증거가 없고, '주사 원하심'이라고 기재된 사실이 인정되기는 하나 이와 같은 사실만으로는 환자가 시술에 따른 부작용을 이미 알고 있었다고 하기는 어렵다. 따라서 피고가 환자에게 시술에 따른 부작용 등을 설명할 필요가 없는 경우에 해당한다고 볼 수 없어서, 피고는 의사로서의 환자에 대한 설명의무를 위반하였다고 봄이 상당하다.

4. 손해배상범위 및 책임 제한

가. 피고의 손해배상책임 범위: 60% 제한(제1심, 항소심)

나. 제한 이유

(1) 환자가 받은 시술은 경막 외로 국소마취제 또는 국소마취제와 스테로이드제의 혼합액을 주입하는 시술로서 시술 중 충분한 주의를 기울인다 해도 투입 약제로 인한 독성반응이나 전척추 마비와 같은 문제는 드물지만 언제나 발생할 수 있으며 이로 인해 의식저하나 호흡정지, 심정지와 같은 합병증이 발생할 수 있는 점

(2) 피고가 위와 같은 위험성을 줄이기 위해 영상장비 또는 조영제를 사용하는

등 노력을 다하지는 않았지만, 피고가 환자가 호흡정지 증상을 보이자 즉시 기본 생명연장술을 시행하는 한편 119에 응급구조요청을 하는 등 응급처리를 하려고 노력하였고 그 결과 환자가 사망에까지 이르지 않은 점

다. 손해배상범위 및 책임 제한

(1) 청구금액: 528,001,521원

(2) 인용금액: 301,382,360원

　① 재산상 손해: 246,382,360원{(일실수입＋기왕 치료비＋향후 치료비＋보조구비＋개호비)×60%}

　　− 일실수입: 46,142,416원

　　− 기왕 치료비: 30,708,978원

　　− 향후 치료비: 57,854,964원

　　− 보조구비: 1,880,460원

　　− 기왕 개호비: 18,223,226원

　② 위자료: 55,000,000원

4. 사건 원인 분석

이 사건에서 환자는 피고 병원에서 무릎관절통증, 고혈압, 고콜레스테롤혈증 등으로 치료받아 오던 중, 양측 상지 통증을 동반한 경추부 통증을 주된 증상으로 하여 피고 병원에 내원하였다. 피고는 환자의 증상에 대하여 경흉추부 신경뿌리 병증으로 진단한 후 신경차단술을 시행하기로 하였다. 시술 당일 피고는 환자에게 방사선 검사 및 MRI 검사 등의 검사 없이 점심식사 여부만을 물어본 후 경추 제6번, 제7번 극돌기−횡돌기 부위에 경막 외 신경차단술(epidural block)을 실시하였다. 피고는 신경차단술 시 주사바늘을 삽입하는 과정에서, 주사바늘의 위치를 실시간 촬영하는 방사선 장비를 사용하지 않은 채 주사바늘의 저항감이 소실되는 느낌을 통하여 주사바늘의 위치를 확인하는 저항소실법으로 시술을 하였다. 피고는 시술을 시행하면서 환자의 활력징후 및 산소포화도를 체크하지 않았다. 환자는 시술을 받은 후 갑자기 호흡정지 상태에 빠졌으며, 피고는 기본 생명유지술을 실시하며 간호사로 하여금 119 구급대

에 신고하도록 하였다. 119 구급대가 피고 병원에 도착하였을 당시, 환자는 이미 의식이 없는 혼수상태로 심장무수축 상태였고 119 구급대는 즉시 후두마스크를 삽입하고 BVM(산소공급장치)를 통해 산소공급 및 수액을 공급하고 약 2분간 심폐소생술을 실시하였다. 이 후 119 구급대는 환자를 타 병원 응급실로 이송하였으며 타 병원 도착 당시 환자의 상태는 계속하여 혼수상태 및 심장 무수축 상태였다. 혈액순환은 회복되었으나 환자는 여전히 혼수상태에 있었고, 뇌 CT 촬영 결과 뇌부종 상태가 확인되었다. 현재 환자는 자발 호흡은 유지되고 있으나 뇌사에 가까운 상태에서 지속적인 식물인간상태이다. 또한 중증의 뇌 손상으로 인하여, 눈을 뜨는 것은 가능하지만 의사소통이 불가능하고, 사지의 자발적 움직임은 있으나, 음식물 섭취 및 배뇨와 배변이 불가능하며, 생명유지를 위한 일상생활을 스스로 할 수 없다. 이 사건과 관련된 문제점 및 원인을 분석해본 결과는 다음과 같다.

첫째, 피고는 경막 외 신경차단술 시술에 앞서 환자가 평소 복용하고 있는 약물 확인 및 혈액검사를 통하여 시술 시 혈역학적 변화에 영향을 줄 수 있는 약물의 복용 여부를 확인했어야 했다. 또한 시술 전 검사를 통하여 환자의 척추 부위 해부학적 정보를 미리 정확히 파악하여 시술 시 주의했어야 하였다.

둘째, 피고는 시술 시 주사바늘의 위치를 실시간 촬영하는 방사선 장비를 사용

〈표 20〉 원인분석

분석의 수준	질문	조사결과
왜 일어났는가? (사건이 일어났을 때의 과정 또는 활동)	전체 과정에서 그 단계는 무엇인가?	− 시술 전 단계 − 시술 단계 − 응급 처치 단계
가장 근접한 요인은 무엇이었는가? (인적 요인, 시스템 요인)	어떤 인적 요인이 결과에 관련 있는가?	• 의료인 측 − 시술 전 환자의 평소 약물 투약 내역 확인하지 않음, 혈액검사 미실시 − 시술 시 주사기 잘못 조작하여 환자의 혈관 내지 척수강내로 직접 약제를 주사
	시스템은 어떻게 결과에 영향을 끼쳤는가?	• 의료기관 내 − 심폐소생술을 실시하기 위한 응급장비 및 약물 미비

하지 않아 경막 외 공간에 정확하게 약제가 퍼지는지 확인할 수 없었다. 또한 시술 전반에 걸쳐 환자의 활력징후 및 산소포화도를 지속적으로 감시하지 않았으며, 시술 중 주사기를 잘못 조작하여 환자의 혈관 내지 척수강 내로 직접 약제를 주사하여 환자에게 호흡정지 및 심정지가 유발되기도 하였다.

셋째, 피고 병원은 심폐소생술을 위한 장비와 약물을 갖추지 않아 환자에게 기본 생명유지술만을 시행하였다. 환자는 에피네프린과 아트로핀을 투여 받지 못하는 등 피고 병원은 전문 심장구조술을 시행하지 못한 문제점이 있다(〈표 20〉 참조).

5. 재발방지 대책

〈그림 20〉 판례 20 원인별 재발방지 사항

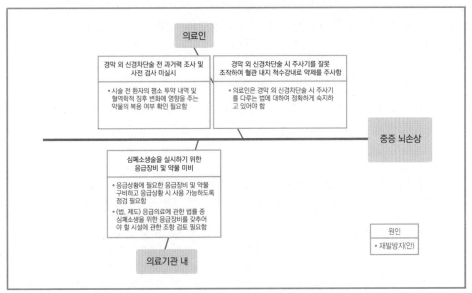

원인별 재발방지 대책은 〈그림 20〉과 같으며, 각 주체별 재발방지 대책은 아래와 같다.

(1) 의료인의 행위에 대한 검토사항

의료인은 경막외 신경차단술을 시행하기 이전에 환자의 평소 투약 내역 및 혈역학적 변화에 영향을 줄 수 있는 약물의 복용 여부를 확인하는 것이 필요하다. 사전에 혈액검사를 통하여 출혈 위험의 유무를 파악하여야 하며, 더불어 경막외 신경차단술 시술 중과 시술 후에도 환자의 의식과 혈역학적 변화 등을 지속적으로 관찰하는 등 경과관찰을 세심하게 할 필요가 있다. 경막외 신경차단술은 국소마취제의 교감신경계 차단으로 인한 저혈압과 서맥 발생이 흔하기 때문에 환자의 활력징후 및 산소포화도를 확인하여야 한다. 또한, 의료인은 경막외 신경차단술 시행 시 주사기를 다루는 법에 대하여 정확하게 숙지하여 척수강이나 혈관내로 약제를 주사하지 않도록 주의하도록 한다.

(2) 의료기관의 운영체제에 관한 검토사항

의료기관 운영 측면에서는 환자에게 심정지가 발생하였을 시 심폐소생을 위한 응급장비 및 약물을 의료기관 스스로 구비하고 응급상황 시 사용이 가능하도록 하여야 한다. 또한 약물의 유효기간이 경과하지 않도록 하여야 하며 장비가 사용 가능하도록 점검하는 것 또한 필요하다.

(3) 국가 및 지방자치단체 차원의 검토사항

응급의료에 관한 법률5) 제47조의2(심폐소생을 위한 응급장비의 구비 등의 의무)6)에 명시된 자동제세동기 등 심폐소생술을 할 수 있는 응급장비를 갖추어야 하는 시설에

---

5) [시행 2015. 12. 23.] [법률 제13367호, 2015. 6. 22., 타법개정]

6) 응급의료에 관한 법률 제47조의2(심폐소생을 위한 응급장비의 구비 등의 의무) ① 다음 각 호의 어느 하나에 해당하는 시설 등에는 자동제세동기 등 심폐소생술을 할 수 있는 응급장비를 갖추어야 한다.〈개정 2009. 6. 9., 2011. 3. 8., 2011. 8. 4., 2012. 2. 1., 2016. 3. 29.〉
   1. 「공공보건의료에 관한 법률」 제2조 제3호에 따른 공공보건의료기관
   2. 「119구조·구급에 관한 법률」 제10조에 따른 구급대에서 운용 중인 구급차
   3. 「항공안전법」 제2조 제1호에 따른 항공기 중 항공운송사업에 사용되는 여객 항공기 및 「공항시설법」 제2조 제3호에 따른 공항
   4. 「철도산업발전 기본법」 제3조 제4호에 따른 철도차량 중 객차
   5. 「선박법」 제1조의2에 따른 선박 중 총톤수 20톤 이상인 선박
   6. 대통령령으로 정하는 규모 이상의 「건축법」 제2조 제2항 제2호에 따른 공동주택
   7. 그 밖에 대통령령으로 정하는 다중이용시설
   ② 제1항에 따라 응급장비를 설치한 자는 해당 응급장비를 매월 1회 이상 점검하여야 한다.〈신설 2012. 5. 14.〉
   ③ 제1항에 따라 갖추어야 하는 응급장비의 관리 등에 필요한 사항은 보건복지부령으로 정한다.〈개정 2012. 5. 14.〉

공공보건의료기관, 구급차, 공항 등뿐만 아니라 의료법상의 병원급 의료기관 또한 조항에 포함되도록 검토되어야 한다.

┃ **참고자료** ┃ 사건과 관련된 의학적 소견7)

1. 경추부 신경뿌리병증

경추부 신경뿌리병증은 경추신경 뿌리에 병리적 변이로 인하여 해당 신경 담당 부위에 감각 이상, 운동력 약화, 건반사 변화 등이 나타나는 질환이고, 환자의 목을 신전 및 환측으로 회전시켜 신경공을 감소시킴으로써 상지방사통을 유발시키는 'Spuling's sign'과 같은 이학적 검사, 간단한 신체 검진, 증상에 대한 문진은 경추부 신경뿌리병증을 진단하는데 매우 유용한 방법이다.

환자는 어느 한 신경근만 압박되어도 팔 전체가 저리고 아프다는 증상을 호소하게 되고, 환자가 심한 통증을 호소할 경우 경막 외 스테로이드 주사요법은 매우 효과적인 치료 방법 중 하나이다.

2. 경막 외 신경차단술

(가) 시술 내용

경막 외 신경차단술은 척수 신경과 척수액을 싸고 있는 막인 경막에 국소마취제를 투입하여 척수 신경으로의 통증 전달을 차단해주고, 스테로이드를 복합 투여하는 경우 신경뿌리의 부종과 염증을 가라앉혀서 신경병증을 완화시켜주는 시술이다. 신경근병증의 증상이 심하거나, 경구 투약과 물리치료 등으로 호전이 없을 때 선택된다.

(나) 시술 약물

1) 경막 외 신경차단술에 사용하는 약물의 용량 결정은 차단을 원하는 신경 분절 수와 위치, 마늘 진입 위치에 따라 좌우되고, 키, 몸무게 등을 참고로 하며, 시술자가 경험상 안전하고 효과적이라고 판단되는 용량을 정해두고 일괄 적용할 수도 있다.

이 사건과 같이 경막 외 신경차단술 시술하면서 리도카인, 트리암시놀론, 생리식염수를 혼합하여 주입할 경우, 운동신경이 마비되지 않는 정도의 차단을 목적으로 한다면, 리도카인은 농도 0.3% 미만으로, 즉 생리식염수 혼합하여서 투여 약제 전체 부피 10ml 정도로 하였을 때 30mg 미만으로 투여하고, 트리암시놀론은 10~40mg 투여한다.

2) 약제(이 사건의 경우 리도카인, 트리암시놀론)가 혈관에 투여되었을 때 국소마취제에 의

---

7) 해당 내용은 판결문에 수록된 내용임.

한 전신 독성 반응 위험이 있고, 트리암시놀론에 의한 허혈의 부작용이 발생할 가능성이 있으며, 척수강에 투여되었을 때에는 넓은 범위, 때로는 전 척추 영역이 모두 마취될 수 있으며, 이 때에는 저혈압, 서맥도 심하고 일시적 전신 마비 상태가 되며, 호흡곤란이 올 수 있다.

3) 경추 부위의 경우 적은 용량의 국소마취제가 혈관으로 주입된 경우라도 전신 독성 반응이 올 수 있으며, 드물게 바늘이 잘 거치되어 있어도 경막외강에 혈관 조직이 풍부하여 일부 손상된 혈관으로 약제가 흡수되는 방법으로 전신 독성 반응이 올 수도 있다.

4) 위 약제에 의한 독성 반응을 방지하기 위하여 이전에 약제에 과민성 반응을 보인 적이 있는지 문진하고, 국소마취제 총 투여량을 4mg/kg으로 제한하며, 약제 주입 전 바늘을 통해 혈액이나 척수액이 흡인되지 않는지 확인하여야 하고, 시술 중 및 후에도 환자의 의식과 혈역학적 변화 등 상태를 지속적으로 관찰하여야 한다.

5) 위 약제가 척수강 혹은 혈관 내로 주입되어 심폐정지 등의 부작용이 발생하였을 때 의료진으로서는 즉시 심폐소생술을 시행하여야 하고, 심장마사지를 하면서 인공호흡을 시작하고, 에피네프린과 아트로핀을 투여하여야 합니다. 혈압, 맥박 등 활력징후를 지속적으로 감시하면서 심전도 파형에 따라 필요시 전기적 제세동을 한다.

이러한 응급처치가 늦어지거나 제대로 시행되지 않으면 자발 심장 수축이 돌아오지 않거나 심장 수축이 돌아와도 영구적 뇌신경 손상이 온다.

(다) 시술 방법

1) 경막 외 신경차단술을 시술하기 전에는, 평소 투약 내역 확인 및 혈액검사를 함으로써 출혈위험(출혈 경향이 있는 환자에서 드물게 경막 외 혈종이 발생하여 신경을 압박하는 합병증이 발생할 수 있다)의 유무 및 혈역학적 징후 변화에 영향을 주는 약물의 복용 여부를 확인하여야 하고, 국소마취제의 차단 효과로 혈압 저하와 서맥이 발생할 수 있기 때문에 혈압과 맥박 상태가 안정적인지도 검사하여야 한다. MRI 검사는 MRI 영상을 참고하면 환자의 척추 부위 해부학적 정보를 좀 더 정확히 알 수 있어 안전한 시술에 도움이 되지만 이는 비용 부담이 있기 때문에 필수적으로 시행하지 않는다.

2) 또한 경추 부위는 다른 부위에 비해 시술이 어려우므로 우선 경막 외 신경차단술을 전문적으로 훈련받고, 시술경험이 있는 숙련된 의료진에 의해 시행되어야 하고, 경막 외 신경차단술을 시행하면서 국소마취제의 교감신경계 차단으로 인한 저혈압과 서맥 발생이 흔하기 때문에 환자의 활력징후 및 산소포화도를 확인하여야 하며, 국소마취제로 인한 전신 독성 반응이 나타났을 때에도 환자의 활력징후 및 산소포화도 확인이 필요하다. 또한, 무균 상태로 신중하게 바늘을 진입시키고, 바늘 주입 중 환자의 증상을 계속 세심하게 관찰하여야 하며, 시술 전,

중, 후 환자의 혈역학적 상태를 감시하여 신경 손상이나 독성 반응의 가능성이 있는지 지속적으로 살펴야 한다.

　3) 경막 외 신경차단술은 피부 겉으로 확인할 수 없는 위치에 바늘 끝을 위치시켜야 하는 시술이고, 경막 외 공간은 대략 0.5cm 정도이므로 심폐가능성과 경막 천자의 위험성이 있는 시술이다. 영상 장비를 사용하면 해부학적 위치 파악에 도움이 되고, 조영제를 사용하면 경막 외 공간으로 약제가 잘 퍼지는지 확인도 가능한다. 그러나, 통상 영상 장비 사용의 한계를 이유로 영상 장비 없이 시술자의 해부학적 지식과 감각에 의존하여 많이 시술되고 있다.

　4) 경막 외 신경차단술은 합병증 발생에 대처할 준비가 되어 있는 상태에서 이루어져야 한다.

(라) 합병증 등

　경막 외 신경차단술로 인하여 발생할 수 있는 합병증으로는 저혈압, 서맥, 신경손상, 경막외 혈종이나 농양 및 이로 인한 신경 눌림이나 손상, 척수 신경 담당 혈관 손상이나 수축으로 인한 신경 허혈, 척수강내 약물 주입으로 인한 전척추 마취, 국소마취제로 인한 전신 독성 반응 등이 있다.

제7장

기 타

제7장 기 타

판례 21. 마취용 아산화질소가스 취급 부주의 사건_서울고등법원 2013. 11. 7. 선고 2013나25981 판결

　　의료용 가스제조업체로부터 마취용 아산화질소가스를 공급받아오던 병원은 수술실에 공급되는 가스통을 교체하였는데, 이후 교체한 마취용 아산화질소가스를 이용하여 마취한 뒤 수술을 받은 환자들에게 급성 호흡부전과 급성 폐손상 소견이 나타나기 시작하였다. 역학조사 결과 전신마취를 한 21명 중 14명에게 공통으로 급성 호흡곤란을 동반한 다발성 폐손상이 발생하였고, 그 중 2명은 사망하였다. 한국표준과학연구원의 수술실에 공급되었던 마취용 아산화질소(N_2O) 가스통에 대한 성분분석 결과 독성질소산화물의 농도가 2,359ppm이 검출되었는데 이는 사람이 노출될 경우 사망에 이를 수 있는 농도이다[서울중앙지방법원 2006. 11. 8. 선고 2005가합25170 판결; 서울고등법원 2010. 1. 7. 선고 2006나112498 판결; 대법원 2013. 3. 28. 선고 2010다13664 판결; 서울고등법원 2013. 11. 7. 선고 2013나25981 판결]. 이 사건의 자세한 경과는 다음과 같다.

1. 사건의 개요

날짜	시간	사건 개요
		• L병원은 의료용 가스제조업체로부터 마취용 아산화질소가스(N2O)를 공급받아옴
2004. 3. 23		• 가스제조업체는 L병원에 25kg들이 마취가스통 7개를 공급함
2004. 4. 14	10 : 00	• 수술실에 공급되는 마취용 아산화질소가스통을 일련번호 NK6610의 가스통으로 교체함
	오전	• 수술 전 호흡기에 이상이 없던 환자(A, B)가 전신마취 하에 수술을 받은 후 급성호흡부전과 양측 폐 전체에 급성 폐 손상 소견 보임 • 의료진은 급성감염을 의심하여 A, B에게 항생제 치료 및 호흡치료를 시행함
2004. 4. 16		• L병원은 수술 환자 3명(C, D, E)이 다시 유사한 급성호흡부전 및 양 측성 급성 폐 손상 소견 보이자 이후 모든 수술을 중단함 • 2004. 4. 14.부터 2004. 4. 16. 사이 수술 받은 환자 35명(4/14(16 건), 4/15(2건), 4/16(17건))을 대상으로 역학조사를 실시함
		• 호흡기계 기왕증 없으며 좌측 상완골 골절로 입원하여 전신마취 하에 도수정복술을 받음(환자 E 남자, 나이 4세) • 급성호흡곤란 증세 보여, 응급심폐소생술 시행 후 S병원으로 이송됨
2004. 4. 17		• L병원은 환자들의 공통 임상증상 및 역학조사 결과를 바탕으로 수술 환자들이 공통으로 사용한 마취가스통 안의 아산화질소가 독성질소산 화물인 이산화질소(NO2), 일산화질소(NO)에 오염되었을 것으로 판 단하고 가스제조업체 담당자를 불러 사실을 알림
2004. 4. 19		• L병원이 실시한 일련번호 NK6610의 가스통에 대한 자체 분석 결과 독성 질소산화물이 상당량 함유된 것으로 나타남
2004. 4. 20		• 가스제조업체의 동의하에 한국표준과학연구원에 NK6610 가스통을 봉인하고 성분분석을 의뢰함
2004. 4. 21		• 자체분석결과 불순물이 들어있지 않은 것으로 추정한 U가스통에 대 한 독성질소산화물의 농도분석을 의뢰함
2004. 4. 28		• L병원은 일련번호 NK 6610과 같은 날(2004. 3. 23.) 제조업체로부터 공급 받았던 일련번호 V 및 W 아산화질소 가스통에 대해서도 한국표 준과학연구원에 추가로 성분분석을 의뢰함
2006년 초경까지		• 환자 E는 S병원에서 저산소성 허혈성 뇌병변, 폐질환으로 치료를 받음

날짜	시간	사건 개요
현 재		• 환자 E는 인지기능, 미세 운동기능 부분에서 경미한 지능감소의 후유증이 있는 상태임

2. 쟁점별 당사자 주장과 법원의 판단

가. 아산화질소의 생산과 충전 과정에서의 불순물 주입 여부: 법원 인정

(1) 피고 주장

피고는, 아산화질소를 생산하는 과정에서 질소산화물이 물에 흡수되도록 하는 세척과정을 5회에 걸쳐 실시하여 질소산화물을 제거한 후 가스전용 성분분석기를 이용하여 가스성분을 정밀하게 분석하여 순도를 측정한다고 주장한다. 또한 생산된 아산화질소를 개별용기에 주입하기 전에 진공펌프를 이용하여 10여분 정도 기존 용기에 남아 있는 불순물을 제거하여 진공상태를 만든 후, 전자저울에 용기를 올려놓고 중량을 맞추어 아산화질소를 충전한 다음 밸브출구를 완전히 봉인하여 납품하고 있기 때문에 누군가 고의로 가스통에 불순물을 주입하지 않는 한 가스통에서 2,359ppm의 NO_x가 검출될 수 없다고 주장한다.

(2) 법원 판단

질산암모늄을 열분해하여 만들어진 아산화질소는 냉각수로 냉각하고 세척타워를 통해 여러 번 세척하여 질소산화물을 제거한 후 가스충전 탱크에 저장되고, 진공펌프를 사용하여 남아 있는 잔량가스를 배출시킨 빈 가스통에 충전된다. 하지만 아산화질소를 발생하는 과정에서 불순물로 질소산화물이 생성될 수 있는 사실과 가스통 표면에는 O_2로 표기하였다가 지운 것으로 보이는 흔적이 있고 피고가 사용하는 다른 가스통 일부에도 하나의 통 표면에 여러 종류의 가스명이 기재된 흔적이 있는 사실이 있다. 일산화질소는 냉각되면서 산소와 질소로 전환될 수 있고 또한 아산화질소를 생산하고 충전하는 과정에서 작업자의 실수나 부주의로 온도조절을 잘못하거나 질소산화물을 제대로 제거하지 않은 채 아산화질소를 그대로 충전하여 일산화질소나 이산화질소가 생성될 가능성을 완전히 배제할 수 없다. 이에 가스통에 주입된 마취가스에 생산이나 충전과정에서 결함이 없었다고 보기 어렵다.

나. 같은 날 생산된 다른 마취가스통과의 비교: 법원 인정

(1) 피고 주장

같은 날에 생산된 아산화질소를 가스통에 충전하여 다른 여러 병원에도 공급하였으나 다른 병원에서는 마취사고의 발생이나 불순물이 발견되지 않았으며, 또한 같은 날 공급한 마취가스에서 다른 양의 NO_x가 검출될 수 없다고 주장한다.

(2) 법원 판단

L병원에 이 사건 가스통을 포함하여 25kg 들이 마취가스통 7개를 공급한 것을 공급한 것과 다른 세 개 병원에도 마취가스를 공급한 것, 그리고 L병원을 제외한 나머지 병원에서는 마취사고가 발생하지 않은 사실을 인정할 수 있다. 또한 한국표준과학연구원의 성분분석 검사 결과, 같은 날 L병원에 공급된 V, W 가스통에서 검출된 NO_x의 농도가 이 사건 가스통에서 검출된 NO_x 농도에 비해 상당히 적은 양이 검출되었던 사실이 있다. 하지만, 마취가스를 생산하고 충전하는 과정에서 작업자의 실수나 부주의한 행동 또한 개입될 수 있는 점과 한국표준과학연구원의 가스통에 관한 성분분석 검사 결과에 비추어 보면 이 사건 가스통에 충전된 마취가스에 결함이 없었다고 보기 어렵다.

다. 성분분석 검사 결과의 신뢰성 여부: 법원 불인정

(1) 피고 주장

피고는, 마취사고 발생 후 한국표준과학연구원에 이 사건 가스통에 대한 성분분석 검사를 의뢰하기까지 상당한 시간이 흘렀고, L병원이 그동안 가스통을 보관하고 있으면서 자체검사 명목으로 가스 일부를 인출하는 등 인위적인 작업을 한 바 있어 분석결과를 신뢰할 수 없다고 주장한다.

(2) 법원 판단

L병원이 2004. 4. 16. 수술 중단을 결정한 후 이 사건 가스통에 들어있는 마취가스의 성분을 의심하여 가스통에서 일부 시료를 채취하여 검사하고, 5일 정도 가스통을 보관하고 있다가 한국표준과학연구원에 이 사건 가스통에 대한 성분분석 검사

를 의뢰하였음을 알 수 있으나 이러한 사정만으로는 한국표준과학연구원의 성분분석 검사 결과를 신뢰할 수 없다고 보기 어렵다. 또한 오히려 이산화질소의 경우 병원에서 취급하지 않는다는 점에 비추어 보면 L병원에서 마취사고 후 이 사건 가스통에 불순물을 주입했을 가능성은 없다.

라. 다른 원인의 개입 가능성 여부: 법원 불인정

(1) 피고 주장

피고는, 정상적인 마취하에 수술을 받은 경우에도 급성 호흡부전증이 나타날 수 있고, 흡인성 폐렴은 병원 내 감염으로 인해 발생할 수 있으며, 확산성 저산소증도 전신마취 후에 발생할 수 있다고 주장한다. 또한, 호흡정지, 호흡억제의 부작용이 있는 엔플루란을 환자 C, D, E에게 공동으로 사용한 점과 이산화질소를 흡입하였을 경우 심한 발열증상이 나타나야 함에도 전신마취 한 21명의 환자들에게서 고열의 증상이 없었던 점이 있다. 마취사고 환자 중 A의 경우 연쇄상 구균이 발견되었으며 환자 B와 함께 패혈성 폐렴으로 진단받았으며, L병원 소속 마취과 의사 X는 마취사고에 관한 증례보고에 환자 C와 E에 대하여 병원균에 의해 감염되는 패혈성 폐렴으로 기재한 점 등에 비추어 보면 마취사고가 가스통의 결함으로 인하여 발생하였다고 단정할 수 없다고 주장한다.

(2) 법원 판단

이 사건 마취사고는 3일이라는 단기간에 전신마취 환자 21명 중 14명에게서 집단으로 발생한 점, 아산화질소에 의한 저산소증은 산소만 공급해 주어도 급격히 개선되지만, NO_x에 중독되어 발생한 화학적 폐렴은 발생하여 산소를 공급해도 개선되지 않는 점이 있다. 또한 독가스에 의한 경우 양쪽 폐 전반에 나타나는데 이 경우도 양측 폐 전체에서 손상을 보이고 있다. L병원의 마취과 의사인 X가 작성한 증례보고서에는 환자 C와 환자 E에 대해서 패혈성 폐렴의 소견만 기재되어 있을 뿐 환자 A와 달리 패혈성 폐렴으로 진단받지는 않았으며, 혈액균 배양검사에서도 병원균이 검출되지는 않았다. 환자 C와 환자 B는 이 사건 가스통에 들어있던 NO_x에 중독 된 후 2차로 균에 감염되었을 가능성도 있어, 이 사건 가스통에 들어있던 NO_x로 인해 발생하였다고 추정할 수밖에 없다.

마. 원고 병원이 가스통에 인위적으로 일산화질소를 주입한 여부: 법원 불인정

(1) 피고 주장

피고는, 이산화질소의 농도가 100ppm 이상이면 1분만 흡입하더라도 사망에 이르게 되는데 21명의 환자 중 14명의 환자에게서 급성 호흡곤란과 폐손상이 발생하였으며, 2명이 사망하였고 1명이 중태에 빠졌으며 나머지는 증상이 호전되었다는 L병원의 주장은 이산화질소가 인체에 미치는 영향을 신뢰하기 어렵게 한다고 주장한다. 가스통에 남아 있던 가스 잔존량이 0,9kg인 상태에서 일산화질소가 361.9ppm 검출되었다고 하나, NO_x 중 일산화질소는 아산화질소에 비해 휘발성이 매우 강하여 아산화질소보다 먼저 배출되므로 L병원이 이 사건 가스통에 일산화질소를 인위적으로 주입하였다고 주장한다.

(2) 법원 판단

독성 질소산화물로 오염된 아산화질소 가스통을 사용할 경우, 일산화질소는 아산화질소보다 휘발성이 강하므로 가스통으로부터 먼저 방출될 것이나 이산화질소는 상대적으로 휘발성이 약하므로 아산화질소가 가스통에서 방출됨에 따라 이산화질소는 점점 더 농축되었다가 가장 나중에 방출될 것이기 때문에, 가스통에 남은 일산화질소 농도와 이산화질소 농도를 합한 NO_x가 2,359ppm 이른다고 하여 환자들이 고농도 독성 질소산화물에 노출되었다고 보기 어렵다. 동일한 농도의 NO_x에 노출되었다고 하더라도 노출시간이나 환자들의 건강상태, 나이 등에 의해 영향이 다르게 나타날 수 있는데, 노출시간이 비교적 길었고 위암으로 건강상태가 좋지 않았던 데다 고령이었던 환자들은 사망하였고, 노출시간은 비교적 짧았으나 나이가 어렸던 환자 E는 중태에 빠졌던 점을 고려하면 L병원이 인위적으로 이 사건 가스통에 NO_x를 주입하였다고 볼 수 없다.

바. 마취 가스통의 정상치 이하의 NOx가 들어 있었을 여부: 법원 불인정

(1) 피고 주장

피고는, L병원이 2004. 4. 14.부터 4. 16.까지 44시간 동안 가스통의 마취가스를 사용하여 0.9kg이 남았다고 주장하나, 이 사건 가스통은 90시간이 사용 가능한

25kg의 아산화질소가 들어 있었고, 44시간을 사용하였으면 잔존량이 0.9kg일 수 없는 점, NO_x가 함유되어 있었다면 마취기의 CO_2흡수제인 소다라임의 색상이 보라색에서 노란 갈색으로 변했어야 하나 변화가 없었던 점, 호흡도관 및 기관 튜브 같은 제품 등은 NO_x에 녹아 냄새가 나고 NO_x 자체도 독한 냄새를 풍기나 수술 중 이러한 상황이 생기지 않은 점 중에 비추어 보면, 이 사건 가스통에는 1ppm 이하의 NO_x가 함유되어 있었다고 주장한다.

(2) 법원 판단

L병원에서 자체검사를 위해 이 사건 가스통에서 일부 시료를 채취하여 사용하였는데, 분리하는 과정에서 일부 가스가 새어나갈 수 있다. 비록 이산화질소의 냄새가 지독하여 적은 양만으로도 느낄 수 있다고 하더라도 환자에게 마취가스가 공급되는 과정에서 마취가스는 환자의 몸속으로 흡수될 뿐 몸 밖으로는 새어나오지 않고, 설사 새어나온 가스가 있다고 하더라도 주마취제와 아산화질소 자체의 냄새로 인해 쉽게 구별할 수 없을 것이다. 더불어 PVC제품을 녹일 정도의 양에는 이르지 못할 것으로 보이는 점 등을 고려하면 이 사건 가스통에는 정상치 이하의 NO_x가 함유되어 있었다고 인정하기 어려우므로 피고의 주장을 인정하기 어렵다.

3. 손해배상범위 및 책임 제한

가. 피고의 손해배상책임 범위: 70% 제한

나. 제한 이유

(1) 이 사건 가스통을 처음으로 사용한 2004. 4. 14.에 7명의 환자에게서 급성 호흡부전과 양측 폐 전체에 폐손상의 증상이 나타났으므로, 병원으로서는 첫 날 발생한 집단적 마취사고에 대하여 역학조사를 하여 원인을 밝힌 후에 수술을 진행하였어야 함에도 이를 소홀히 한 채 2004. 4. 16.에도 이 사건 가스통을 사용하여 여러 건의 수술을 실시함으로써 손해를 확대시킨 잘못이 인정되는 점

다. 손해배상책임의 범위

(1) 청구금액: 505,917,220원

(2) 인용금액: 164,342,245원[1]

　① 재산상 손해: 79,942,245원{(치료비 및 피해보상 합의금+N_2O가스분석
　　검사비)×70%+환자 E의 일실수입}

　　− 치료비 및 피해보상 합의금: 72,388,950원

　　− N_2O가스분석 검사비: 8,000,000원

　　− 환자 E의 일실수입: 23,669,980원

　　− 원고법인의 일실수입: 440,721,598원(기각)

　② 위자료: 90,000,000원

4. 사건 원인 분석

　이 사건에서 병원은 의료용 가스제조업체로부터 마취용 아산화질소가스(N_2O)를
공급받아왔다. 병원은 수술실에 공급되는 마취용 아산화질소 가스통을 교체하였는데,
이후 교체한 마취용 아산화질소가스(N_2O)를 이용하여 마취를 하고 수술을 받은 환자
들에게 급성 호흡부전과 양측 폐 전체에 급성 폐손상 소견이 나타나기 시작하였다.
수술 전 호흡기에 이상이 없던 2명의 환자가 위와 같은 소견을 보여 의료진은 항생
제 치료 및 호흡치료를 시행하였고, 이틀 후 수술 환자 3명이 유사하게 급성 호흡부
전 및 양측성 급성 폐손상의 소견을 보여 병원은 모든 수술을 중단하고 3일 동안 수
술을 받은 환자 35명을 상대로 역학조사를 실시하였다. 역학조사 결과, 전신마취를
하지 않은 13명의 경우에는 증상이 나타나지 않았으며 수술 중 아산화질소를 이용하
여 전신마취를 한 21명 중 14명에게 공통으로 급성 호흡곤란을 동반한 다발성 폐손
상이 발생하였으나 병원균은 동정되지 않았다. 급성 호흡곤란을 보인 14명의 환자
중 11명은 치료로 인하여 증상이 호전되었으나 2명은 사망하였으며, 좌측 상완골 골
절로 입원하여 전신마취 하에 도수정복술을 시행 받은 4세 남아는 치료종결 후에도

---

1) 상고심: 일실수입 부분 파기환송, 환송심: 항소기각 판결.

장해가 남았다. 판결 기재 사항과 같이 한국표준과학연구원의 수술실에 공급되었
던 마취용 아산화질소(N_2O) 가스통에 대한 성분분석결과 독성질소산화물의 농도가
2,359ppm이 검출되었는데 이는 사람이 노출될 경우 사망에 이를 수 있는 농도이기
도 하다. 이 사건과 관련된 문제점 및 원인을 분석해본 결과는 다음과 같다.

첫째, 병원은 의료용 가스제조업체에서 공급받은 의료용 마취가스에 대한 관리
를 소홀히 하였다. 병원 측에서는 의료용 가스제조업체로부터 가스통을 공급받을 당
시, 공급받아야 할 마취가스통이 맞는지 꼼꼼한 관리와 확인을 하였어야 했다.

둘째, 의료용 가스제조업체는 제조업체 내부에서 의료용 마취가스와 다른 종류
의 가스명이 적힌 가스통을 혼재하여 쓰는 등 관리를 철저하게 하지 못하였으며, 이
에 일산화질소나 이산화질소가 생성될 수 있는 가능성을 완전히 배제할 수 없는 상
황을 초래한 문제점이 있다.

셋째, 사고 당시에는 의료용 가스제조업체에 대한 GMP(우수의약품 제조 및 품질
관리기준) 제도가 존재 하지 않아 가스제조업체를 질적으로 관리하는 제도가 미흡하
였다(〈표 21〉 참조).

〈표 21〉 원인분석

분석의 수준	질문	조사결과
왜 일어났는가? (사건이 일어났을 때의 과정 또는 활동)	전체 과정에서 그 단계는 무엇인가?	− 마취용 가스통 공급 단계 − 마취용 가스통 관리 단계
가장 근접한 요인은 무엇이었는가? (인적 요인, 시스템 요인)	어떤 인적 요인이 결과에 관련 있는가?	
	시스템은 어떻게 결과에 영향을 끼쳤는가?	• 의료기관 내 − 의료용 가스제조업체에서 공급받은 의료용 마취가 스에 대한 관리를 소홀하게 함 • 법, 제도 − 의료용 가스제조업체에 대한 GMP(우수의약품 제 조 및 품질관리기준) 제도가 존재하지 않아 가스제 조업체에 대한 관리가 어려움

5. 재발방지 대책

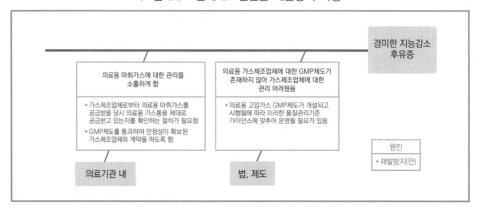

〈그림 21〉   판례 21 원인별 재발방지 사항

원인별 재발방지 대책은 〈그림 21〉과 같으며, 각 주체별 재발방지 대책은 아래와 같습니다.

(1) 의료기관의 운영체제에 관한 검토사항

의료기관 운영 측면에서는 의료용 가스제조업체로부터 마취가스를 공급받을 때에는 제대로 된 의료용 가스통을 공급 받고 있는지 확인하도록 한다. 또한 식품의약품안전처의 심사를 거쳐 적합 판정서를 교부 받아야 의료용 가스를 판매할 수 있도록 하는 우수의약품 제조 및 품질관리기준(GMP) 제도를 통과한 의료용 가스제조업체와만 계약을 맺도록 해야 한다.

(2) 국가 및 지방자치단체 차원의 검토사항

이전에는 의료용 가스제조업체에 대한 일정한 제조 및 품질관리기준이 없어 고압가스안전관리법에 따라 관할 지자체로부터 품목허가를 받고 충전, 공급하는 등 관리가 어려웠으나, 의료용 고압가스 GMP(우수의약품 제조 및 품질관리기준)제도가 개설되고 시행됨에 따라 이러한 품질관리기준 가이던스에 맞추어 운영될 필요가 있다.[2]

---

2) 의료용고압가스 GMP 준비, 어디까지 왔나. 가스신문 2016.05.10 [cited: 2016－06－07]
   Available from: URL: http://www.gasnews.com/news/articleView.html?idxno=73542

제8장

결 론

최근 마취와 관련된 의료사고가 빈번하게 발생하고, 관련 내용이 언론에 보도됨에 따라 마취에 대한 환자들의 불안감이 높아지고 있다. 이에 마취와 관련된 의료사고 및 의료소송의 원인 분석 및 재발방지 대책의 제시를 통해 유사한 사건이 또다시 발생하지 않도록 하여야 한다. 본 저서에서는 마취 관련 의료소송을 수면마취 관련 판례, 전신마취 관련 판례, 부위마취 관련 판례, 국소마취 관련 판례, 통증클리닉 관련 판례, 기타 판례로 분류하여 개별 사건의 원인과 재발방지 대책을 주체별로 분석하였다.

환자안전의 향상을 위해서는 보건의료인과 보건의료기관의 노력뿐만 아니라, 환자의 참여, 법·제도 측면에서의 개선과 지원이 필요하다. 이에 분석된 원인 및 재발방지 대책을 환자 측면, 의료인 측면, 기관 측면, 법·제도 측면으로 나누어 살펴보았다.

(1) 환자의 경우 본인이 받게 될 의료행위에 대해 수동적인 모습을 보였고, 의료행위와 관련된 부작용 등에 대한 지식이 부족하였다. 환자 및 보호자들은 의료행위 과정 중에 어떠한 문제가 발생할 수 있는지에 대하여 알고 있을 필요가 있으며, 의료행위에 능동적으로 참여하여야 한다.

(2) 의료인 측면으로 분석된 사고 발생 원인 중 마취를 시행한 환자에 대한 경과관찰 및 지속적 감시 미흡이 주요한 내용이었다. 이에 의료인은 마취를 시행한 환자에 대하여 시술 및 종료 후에도 지속적으로 경과를 관찰하여야 하며 활력징후 측

정과 필요하다면 산소포화도를 측정하는 등 응급상황을 사전에 예방하여야 한다. 또한, 환자안전을 위한 효과적인 의사소통 증진을 위한 프로그램 마련도 필요할 것이다. 다음으로 의료인의 수술 마취 필요성이나 부작용·위험성에 대한 설명이 충분하지 않은 것도 문제점으로 지적되었다. 이에 의료기관 측면에서 해당 마취와 관련된 설명 및 교육자료를 제작하여 환자의 이해도를 높이고, 의료인의 업무 효율성도 높이는 것이 재발방지 사항으로 제시되었다. 마지막으로, 과용량의 마취제가 투여된 사고 발생 원인에 있어 의료인은 비만 등 고위험 대상자에 대한 의무기록 작성 및 관리가 필요하며, 의료기관 차원에서 환자의 신체적 특징에 대한 마취제 적정 투약 용량에 대하여 정리하여 마취제 투약 직전 이중 확인을 통해 과용량의 마취제가 투약되는 것을 예방하여야 한다.

(3) 의료기관 측면에서는 의원급 의료기관의 환자상태 모니터링 기기, 응급처치 기구 등의 미비가 문제점으로 지적되었다. 이에 기기 구비를 위해 의료기관의 노력과 함께 정책적인 지원이 필요하다.

(4) 법·제도적인 차원에서는 학회 등을 통하여 주기적으로 관련 교육을 시행할 필요가 있으며, 의료기관이 마취 중 환자 상태를 관찰할 수 있는 기기와 인력 등을 갖추었는지 감독하여야 한다.

다만 본 연구와 같이 의료소송 판결문 자료를 활용하여 사고의 원인 및 재발방지 대책을 제시한 연구에는 일정한 한계점이 존재한다. 법원에서 판결문을 제공받을 시 의무기록, 검사결과기록지 등이 제공되지 않으며, 해당 사고의 정황을 정확하게 파악하기 위한 정보가 삭제되어 있는 경우도 있다. 이러한 한계점에도 불구하고 현재 우리나라 환자안전사고 보고학습시스템은 운영 초기 단계이고 의료기관 내 환자안전 사건 정보가 외부로 공개되지 않는 상황에서는 의료분쟁 및 의료소송 자료를 활용하여 원인 및 재발방지 대책을 제시하는 것이 환자안전 체계 구축 및 정책 제안에 도움이 된다고 할 것이다.

본 저서에서 의료소송 판결문을 통해 살펴본 마취 관련 의료사고는 전체 환자안전사건의 극히 일부에 불과하다. 의료기관 내에서 서로간의 합의를 통해 종결된 사건도 있을 것이며, 한국의료분쟁조정중재원 및 한국소비자원 등을 통해 해결된 사건도 존재할 것이다. 안전한 의료 환경의 조성을 위해서는 환자안전사건의 현황 파악이 이루어져야 하고, 유사한 사건이 재발하지 않도록 대책 수립 및 공유하는 것이 필요하

다. 본 연구를 시작으로 하여 환자안전과 관련된 기관들의 협력 및 추가 연구 등을
통해 우리나라의 환자안전이 향상될 수 있기를 기대한다.

저자 약력

김소윤(대표 저자)
연세대학교 의과대학 인문사회의학교실 의료법윤리학과, 연세대학교 의료법윤리학연구원
예방의학전문의이자 보건학박사이다. 현재 연세대학교 의과대학 인문사회의학교실 의료법윤리학
과장을 맡고 있다. 보건복지부 사무관, 기술서기관 등을 거쳐 연세대학교 의과대학에 재직 중이
며, 보건대학원 국제보건학과 전공지도교수, 의료법윤리학연구원 부원장, 대한환자안전학회 총무
이사 등도 맡고 있다.

나성원
연세대학교 의과대학 마취통증의학교실
의학박사이자 마취통증의학과 전문의이다. Johns Hopkins Hospital Adult Critical Care Postdoc
Fellowship(2010 – 2011년) 연수를 다녀왔으며, 대한중환자의학회 총무이사(2012 – 2016년) 및
국제협력이사(2014 – 2017년)를 지냈다.

박정엽
연세대학교 의과대학 내과학교실 소화기내과
소화기내과와 소화기내시경 전문의이며 의학박사이다. 연세대학교 의과대학을 졸업하고 연세대
학교 의과대학 신촌 세브란스병원에서 인턴과 전공의 그리고 강사 수련을 받았으며 현재 연세대
학교 의과대학 내과학교실 소화기내과 부교수로 재직 중이다. 대한소화기암학회 부총무를 맡고
있으며 신촌 세브란스병원 진정위원회와 연구윤리위원회 위원 등도 맡고 있다.

송승용
연세대학교 의과대학 성형외과학교실
성형외과 전문의이자 의학박사이다. 현재 연세대학교 의과대학 성형외과학교실에서 부교수로 근무
하고 있으며, 세브란스병원 및 연세암병원 성형외과에서 진료하고 있다. 연세의대 졸업 후 세브란스
병원 성형외과에서 수련받고, 분당차병원 성형외과 조교수를 지냈다. 현재 Archives of Plastic Surgery
의 deputy editor이며, 의편협 기획운영위원 등도 맡고 있다.

이 원
연세대학교 의과대학 인문사회의학교실 의료법윤리학과, 연세대학교 의료법윤리학연구원
간호사이자 보건학박사이다. 중앙대학교를 졸업한 후 삼성서울병원에서 근무하였으며, 연세대학
교에서 보건학석사와 박사 학위를 취득하였다. 현재 연세대학교 의과대학 인문사회의학교실 의료
법윤리학과에서 박사후 과정 및 의료법윤리학연구원에서 연구원으로 재직 중이다.

정지연
한국과학기술기획평가원
보건학석사이다. 가천대학교 보건행정학과를 졸업한 후 연세대학교 대학원 의료법윤리학협동과
정에서 보건학석사를 취득하였다. 연세대학교 의료법윤리학연구원에서 근무하였으며, 현재 한국
과학기술기획평가원(KISTEP) 생명기초사업실에서 연구원으로 재직 중이다.

오혜미
연세대학교 의료법윤리학연구원
호서대학교 간호학과를 졸업 후 연세대학교 의료법윤리학협동과정에서 석사과정 중이며, 연세대
학교 의료법윤리학연구원에서 근무 중이다.

장승경

연세대학교 의료법윤리학연구원

중앙대학교 간호대학을 졸업한 후 삼성서울병원에 근무하였으며, 현재 연세대학교 의료법윤리학 협동과정에서 보건학 석박사통합과정 중에 있다. 대한환자안전학회 간사로 활동 중이며, 의료법 윤리학연구원에서 환자안전 관련하여 연구 중이다.

이미진

아주대학교 의과대학 인문사회의학교실

보건학박사이다. 현재 아주대학교 의과대학 인문사회의학교실에 재직 중이며, 대한환자안전학회 법제이사를 맡고 있다.

이동현

연세대학교 의과대학 인문사회의학교실 의료법윤리학과, 연세대학교 의료법윤리학연구원

보건학박사이다. 연세대학교에서 보건학 석사와 박사 학위를 취득하였으며 현재 연세대학교 의과 대학 의료법윤리학과에서 박사후 과정 및 의료법윤리학연구원 전문연구원으로 재직 중이다.

이세경

인제대학교 의과대학 인문사회의학교실

가정의학전문의이자 의학박사, 법학박사이다. 현재 한국의료법학회 이사, 고신대학교 생리학교실 외래교수를 맡고 있으며, 연세의료원에서 가정의학과 전공의 과정을 수료하였다. 연세대학교 의료 법윤리학과 연구강사, 연세의료원 생명윤리심의소위원회위원을 거쳐 인제대학교 의과대학 인문 사회의학교실에 재직 중이다. 서강대 및 대학원에서 종교학 및 독어독문학을 공부하기도 하였다.

박지용

연세대학교 법학전문대학원

변호사로서 연세대학교 의과대학 연구조교수로 거쳐 현재 연세대학교 법학전문대학원 조교수로 재직 중이다. 연세대학교 법학연구원 의료과학기술법센터장을 맡고 있다.

김인숙

연세대학교 간호대학

이학박사이며 연세대학교 간호대학 교수, 김모임간호학연구소 상임연구원이다. 연세대학교 간호 대학원 간호관리와 교육 전공지도교수, 연세대학교 의료법윤리학연구원 상임연구원을 맡고 있다.

석희태

연세대학교 의과대학 인문사회의학교실 의료법윤리학과

법학박사. 민법학 및 의료법학 전공. 현재 연세대 의대 의료법윤리학과 및 동 보건대학원 객원교 수. 연세대 법대 및 동 대학원 졸업. 한국방송통신대 중어중문학과 졸업. 경기대학교 법학과 교수 로서 법과대학장과 대학원장을 역임하였으며 명예교수가 되었다. Univ. of Wisconsin Madison, UCLA, National Univ. of Singapore, 橫浜國立大學의 방문학자로서 연구를 한 바 있다. 1980년 의 "의사의 설명의무와 환자의 자기결정권" 논문을 필두로 의료법학 분야의 과제를 중점적으로 연구 발표해 왔으며, 최근(2016년)에는 "환자의 모를 권리와 의사의 배려의무"를 발표하였다. 대한의료법학회 창립회장 및 제2, 3대 회장으로 활동하였고, 현재 한국의료분쟁조정중재원 조정 위원인선위원회 위원장 직과 미래의료인문사회과학회 회장 직을 맡고 있다.

손명세
연세대학교 의과대학 예방의학교실
예방의학 전문의이자 보건학박사이며, 연세대학교 의과대학에 재직 중이다. 건강보험심사평가원
(HIRA) 원장, 연세대학교 보건대학원장, 대한의학회 부회장, 한국보건행정학회장, 유네스코 국제
생명윤리심의위원회 위원, 세계보건기구(WHO) 집행이사, 한국의료윤리학회 회장 등을 역임하
였다. 현재 아시아태평양공중보건학회(APACPH) 회장으로 활동하며 우리나라 보건의료 시스템
의 질적 향상 및 발전을 위해 노력하고 있다.

환자안전을 위한 의료판례 분석
07 마취

초판발행	2017년 11월 1일
지은이	김소윤·나성원·박정엽·송승용·이 원·정지연·오혜미·장승경 이미진·이동현·이세경·박지용·김인숙·석희태·손명세
펴낸이	안종만
편 집	한두희
기획/마케팅	조성호
표지디자인	조아라
제 작	우인도·고철민
펴낸곳	(주)박영사 서울특별시 종로구 새문안로3길 36, 1601 등록 1959. 3. 11. 제300-1959-1호(倫)
전 화	02)733-6771
f a x	02)736-4818
e-mail	pys@pybook.co.kr
homepage	www.pybook.co.kr
ISBN	979-11-303-3099-0 94360 979-11-303-2933-8 (세트)

정 가   24,000원